At sidde mellem to stole

Hans Bøgevig

Hans Bøgevig

At sidde mellem to stole

Erindringer

Forlag: BoD – Books on Demand, København, Danmark

Tryk: BoD – Books on Demand, Norderstedt, Tyskland

ISBN: 978-87-4303-2151

FORORD

I denne bog vil jeg beskrive mit livs evige kamp for at finde den rette hylde, på trods af to meget forskellige handicaps. Inspirationen til denne bog kommer fra min kone, der har skrevet en lignende bog om sit liv.

Jeg ser det som en god mulighed for at få bearbejdet nogle helt personlige problemstillinger. Derudover er det en mulighed for at få gjort op med mange menneskers manglende indsigt i, hvad denne situation betyder for mig som person. Det er vigtigt for mig at pointere de mange gode, såvel som dårlige oplevelser, det har givet og fortsat giver at være handicappet.

MIN BARNDOM

Den 2. januar 1982 ankom jeg, 7 uger for tidlig. Kuvøsen var heldigvis opfundet, men de havde ikke så megen erfaring med iltforsyningen, så jeg fik overdosis og mit syn blev skadet. Senere viste det sig, at min motorik også havde lidt under behandlingen, jeg fik diagnosen: cerebral parese, som er en spastisk lammelse, heldigvis sidder det kun i benene, og jeg kan da gå hvis jeg har noget at holde i.

Under min opvækst, efterhånden som der blev stillet flere krav til min kunnen, måtte jeg sande, at kombinationen af de 2 handicaps har medført andre skavanker, bl.a. har jeg ingen talforståelse, og jeg har erfaret, at andre spastikere lider af den samme skavank, men da jeg også er blind, bliver det ofte et større problem.

Jeg boede i Allerød sammen med min mor og far og 2 halvbrødre, som er fra min mors første ægteskab, og tit havde vi besøg af mine 2 andre halvsøskende, 1 bror og søster der er min fars børn. Efter endt barselsorlov skulle min mor begynde at arbejde igen, og så skulle de finde pasning til lille mig. Da jeg var så lille, skulle jeg ikke i vuggestue, men kom i stedet i dagpleje. I 1985 flyttede min far og mor til Bagsværd, men der havde kommunen ingen steder, at gøre af mig, så de skulle først have oprettet en speciel stue for synshandicappede i en integreret børnehave. Der var flere småfolk i kommunen, som var blinde, og de blev nu samlet på én stue. Men indtil denne stue stod færdig, boede jeg hos min dagplejer i Allerød fra mandag til fredag. Efter kort tid flyttede min far, og min mor fik en lejlighed i Værebroparken. Her boede vi til 1988, hvor min mor blev syg og døde. Nu var det godt at jeg havde holdt forbindelsen til min dagplejer, for nu blev hun til min plejemor og hendes mand Mogens til min plejefar.

Efter sommerferien startede jeg på Refsnæsskolen, en skole for blinde og svagsynede som ligger i Kalundborg. Det var min mor, som nåede at melde mig ind her, selvom hun havde haft svært med at sende mig så langt væk, havde hun dog erkendt, at det nok var det eneste sted, som havde erfaring i at give undervisning til blinde børn.

August oprandt og jeg havde det ikke så godt med at skulle fra Hanne og Mogens, men i skole skulle jeg jo. Det var noget af et kulturchok for mig, jeg var meget ked af det i starten, men det var jeg ikke ene om. Flere af de andre nye elever blev efterhånden mine gode kammerater, og jeg har ofte mødt dem i andre omgivelser. Med tiden faldt jeg dog til, især med hjælp fra gode og søde pædagoger. Hver weekend og i alle ferier kom jeg dog hjem til Allerød.

Jeg skulle starte i børnehaveklassen, og her skulle jeg lære forfra hvordan man sidder på en stol og hvordan man holder på en kop, det var ny fransk pædagogik, som gik under navnet petö. Jeg syntes nu det var det rene pjat, da jeg da hele tiden har kunnet sidde på en stol og selv har drukket af en kop. Lærerne mente, at det var godt for mig at lære den slags forfra, så ville jeg måske bedre kunne lære at læse punktskrift og lære at kunne gå m.m. Jeg har dog senere ment, de kun satte mig til det, fordi de ikke ellers vidste, hvad jeg skulle lave. Jeg har mange gange senere i skoleforløbet været ude for, at man ikke rigtig havde nogen ide om, hvordan de skulle lære mig de forskellige ting, da jeg ikke kunne læse punkt og derfor ikke kunne bruge de maskiner de havde. Derimod har jeg en god husker, så de ting jeg fik fortalt, altså undervisning gennem øret, det virkede, især var jeg glad for engelsk. Her havde jeg en fordel frem for mine kammerater, de skulle lære det meste ved at læse det (ved punkt) og fik derfor ikke den rigtige lyd med.

Et par år senere blev det besluttet, at jeg skulle begynde at lære tysk, da jeg nu var så god til engelsk. Jeg ville hellere have undervisning i spansk, da min storebror var blevet gift med en spanier, men da der ikke var andre interesserede, blev der ikke oprettet et hold, derfor blev jeg tvunget igennem de tyske verber. Desværre var jeg ikke altid enig med lærerne i deres prioritering af undervisningstimer, da de på et tidspunkt fik lagt svømmeundervisning samtidig med mine engelsktimer, blev jeg forhindret i at deltage i det fag jeg fik allermest ud af, og var gladest for. Da jeg sagde at det var noget lort, at jeg ikke fik engelsk, var svaret, at det også var noget lort, at jeg ikke fik svømning. På grund af disse uenigheder, syntes jeg de sidste skoleår var spildt, jeg blev ofte sat til at høre lydbånd, da de ikke vidste hvad de ellers kunne sætte mig til.

Generelt har det dog været en god tid, med mange gode minder om godt kammeratskab, og rigtig mange gode timer med pædagogerne, som tog deres arbejde med de blinde børn seriøst.

Da jeg var 18 flyttede jeg efter sommerferien ind på Blindeinstituttet i Hellerup, på et årskursus der hed *synshøjskolen*. Vi var 10 drenge og kurset var fuldstændig nystartet. Det var et kursus med personlig udvikling, hvor nogen skulle igennem forskellige praktiske ting, for at lære at klare sig selv. Det var også lidt af et særtilfælde, at jeg kom derind, da de var vandt til at have folk, der kunne klare sig selv fuldt ud, og som ikke sad i kørestol. Jeg havde det noget blandet med det ophold, for selvfølgelig syntes jeg at det var vildt fedt at de alligevel havde taget mig ind, jeg syntes bare at det var dybt frustrerende, at de stillede nogle krav jeg ikke kunne opfylde. Grundet mit, set med deres øjne, store plejebehov – havde jeg fået bevilget en hjælper til at tage mig op om morgenen, og følge mig frem og tilbage til undervisningen. En dag da jeg bad hjælperen om at lave en kop te til mig, flippede det øvrige personale fuldstændigt ud, for det skulle jeg jo lære selv at gøre. Det kunne vi selvfølgelig godt se noget rigtigt i, men det er bare ikke særligt hensigtsmæssigt, når man dels ikke selv kan bevæge sig rundt på egen hånd og de dels ikke har noget bord man kan komme ind under. Men den mest ydmygende oplevelse var en morgen hvor det var en af deres personaler der skulle hjælpe mig, for hun insisterede på at jeg selv skulle kravle rundt på gulvet splitter nøgen og finde mit tøj. Det fik hun heldigvis på puklen for og det gentog sig ikke siden. Når det så er sagt, havde jeg trods alt et fedt år hvor jeg fik en masse gode venner og gode oplevelser, som f.eks. en tur til Prag som var ret fed.

Jeg var også i praktik først på Bredegaard i Fredensborg, hvor jeg sidenhen kom til at arbejde i deres musik værksted. Min 2. praktik var i lydstudiet på blindeinstituttet, hvor jeg lavede en opgave om Gasolin, som jeg fik meget ros for. Jeg fik at vide, at havde det været en eksamen, havde jeg temmelig sikkert fået 13. Efter instituttet drog jeg til Jylland på Egmont højskolen, hvilket jeg ikke var specielt glad for, fordi at det igen var mit dobbelt handicap der kom i vejen. Det var et problem i undervisningen at jeg i halvdelen af fagene ikke kunne se og den anden halvdel var problemet, at jeg ikke kunne gå. Højskolen er i princippet en ganske almindelig højskole, dog med en særlig forpligtigelse overfor mennesker med handicap og ja, de har mange muligheder for de fleste, men min situation gjorde at jeg faldt igennem. Senere i livet har jeg tænkt at det, der nok i virkeligheden gik galt for mig, var at jeg simpelthen ikke var moden nok. Jeg havde dårligt nok selv fundet ud af hvem jeg var og hvad jeg ville, og pludselig kom jeg så derover og skulle tage stilling til hele verdenssituationen. Der var dog nogle gode oplevelser med teater og musik, så selvfølgelig har jeg da fået noget ud af det. Jeg er også en smule stolt over mig selv, for på højskolen var det en tradition at drikke meget, for hvis man ikke gjorde det, var man udenfor, så jeg er temmelig stolt over alligevel at kunne sige nej.

Det der for alvor gjorde at jeg tog beslutningen om at stoppe, var til deres fælles idrætsdag, hvor det nærmest var umuligt at finde noget jeg kunne deltage i. Det eneste der var, var elektron skydning, men der var noget galt med geværet. Derfor tog jeg beslutningen om at stoppe til jul uanset hvad, da jeg ikke kunne acceptere at de blev ved med at sige, at der var noget til alle, men ikke til mig. Der var selvfølgelig ikke noget sted jeg kunne være, så jeg måtte flytte hjem til min plejefamilie og det kan jeg godt se var en dum beslutning, men på det tidspunkt havde jeg fået nok. Der var dog alligevel også mange gode oplevelser, en af de bedste oplevelser som jeg husker tilbage på, var da vi på medielinien fik produceret en radioudsendelse om at være handicappet og om hvad musik betyder og fik den sendt i radioen i Århus for det åbne båndværksted. Vi var 4 om at lave den og vi skiftedes til at fortælle og spille musik som vi godt kunne li'. Det fik vi meget ros for og den blev sendt i radioen hele 3 gange. Så helt spildt var opholdet alligevel ikke. Det kan jo være lidt svært at finde det rigtige sted i min situation, men der er næsten altid noget man kan bruge.

MIN FAMILIE

Mine plejeforældre har på mange områder været mere en familie for mig end min far, dels fordi min far kom sent ind i mit liv og dels fordi han ikke vidste hvordan han skulle takle mig. Min fars familie har altid fokuseret mere på karrieren, hvilket gjorde at de ikke altid havde så meget til mig. Hos mine plejeforældre var fokus derimod ofte mere på mig.

Min familie er meget stor og med lidt indviklede forhold. Min mor har to drenge fra et tidligere ægteskab der hedder Jens og Peter. Og min far har to børn fra et tidligere ægteskab, en dreng der hedder John og en pige der hedder Gitte. Min fars familie hedder Helms, men jeg hedder Bøgevig efter min mor. Det er desværre kun min fars familie jeg har kontakt med, da brødrene på min mors side går lidt deres egne veje. Det er ret tankevækkende at på trods af at min fars børn bor i udlandet, henholdsvis i Irland og Schweiz, er det dem jeg har mest kontakt med. Hvorimod Jens og Peter har jeg mere eller mindre mistet forbindelsen med. Det er jeg dog ikke specielt ked af, da jeg syntes at det kan være det samme, når man kun hører fra dem en gang hvert halve år. Men Gitte og John til gengæld, dem ses jeg med hver gang de er i Danmark og vi snakker jævnligt sammen.

Som tidligere nævnt har jeg jo også mine plejeforældre, Hanne og nå ja, Mogens er desværre død. Men de har to børn,

Annette og Michael, som jeg også har haft meget med at gøre, især Annette. Hun bor i Kalundborg, så da jeg gik nede på Refsnæsskolen, besøgte jeg hende tit i weekenderne. Jeg kan huske en gang vi var ude at købe ind, hvor jeg gik bag ved indkøbsvognen og da hun skulle hente den, så hun kunne lægge varerne på båndet, stillede hun mig op af en reol og sagde "Jeg hænger dig lige der". Folk gloede forarget på hende, da de troede at hun var pædagog nede fra Refsnæs. Jeg kan også huske en gang hvor jeg havde drillet hende, hvor hun truede med at smide mig i fuglebadet og naiv som jeg var, påstod jeg at hun ikke turde det. Få sekunder efter sad jeg deroppe med røven i vandskorpen, så det er en ting vi af og til taler om.

Hvad Michael angår, kan jeg huske at han engang da jeg var lille, kaldte mig "Hans Bøgevig Skraldespand", så det hed jeg de første mange år af mit liv, når nogen spurgte. Hvad angår Gitte og John, havde vi det også meget sjovt. John og mig havde mange slåskampe da jeg var lille og vi brugte meget tid på at rotte os sammen mod min far. Gitte og jeg har bl.a. sunget en hel del sammen, da hun har en fantastisk stemme. Desværre har hun aldrig gjort noget mere ved det!

I de første seks år af mit liv boede jeg med min mor og to brødre, først i Allerød og siden hen i Gladsaxe. Fra da jeg var helt lille (cirka et halvt år), startede jeg i dagpleje hos Hanne og Mogens, der senere skulle blive mine plejeforældre. Mine første erindringer fra dette sted, er den varme og omsorg, som de altid har givet mig.

At komme hos Hanne og Mogens var noget jeg så frem til, fordi der altid var tid til mig og fordi jeg kunne regne med støtte i sager hvor jeg følte mig uretfærdigt behandlet. Når jeg havde problemer, havde de altid en løsning, og det har betydet at det i mange tilfælde blev nemmere at komme igennem hverdagen. Mogens var meget god til det praktiske arbejde, for eksempel lavede han gelændere på væggene, så det blev nemmere at orientere sig og komme rundt. Maden var også noget helt specielt, især hakkebøffer, kyllingelår og lammekoteletter, var noget jeg satte pris på.

Første gang jeg kom på Refsnæsskolen (som er en skole for blinde og svagtseende), var i august 1988. Jeg var ikke glad for tanken om at skulle være sammen med mange forskellige børn og voksne som jeg ikke kendte. Det var svært i starten, men jeg vænnede mig hurtigt til det, og blev glad for både stedet og de mange venner jeg fik der.

Skolen ligger i Kalundborg, hvilket betød at der var langt hjem når jeg skulle til Allerød. Afstanden gjorde at jeg i starten følte mig meget alene. Da skolen ligger ned til vandet, var vi tit på stranden, hvilket jeg dog ikke brød mig om, da der var mange sten på stranden og det var derfor vanskeligt for mig at gå dernede. På denne strand fik jeg mig en kold og våd oplevelse i teenageårene. Mit store fokus på piger i denne alder gjorde at jeg tog på nogle kvindelige medlemmer af personalet. Disse truede mig med at smide mig i Kalundborg Fjord, med tøj og hele molevitten, hvis ikke jeg stoppede med det samme. Da jeg ikke kunne dy mig, gjorde de alvor af truslen, tog mig i hovedet og røv og smed mig i baljen. – Puha hvor var det koldt. Denne kolde oplevelse var ikke nok til at få dæmpet de galopperende hormoner, så jeg røg i yderligere et par gange.

MINE VENNER

I min situation som handicappet kommer man til at møde mange flere mennesker på kort tid end de fleste andre gør på et helt liv, idet man bliver kastet ud og ind af bofællesskaber og institutioner mv. Det der nogle gange har været sjovt for mig at tænke på med venner, er hvordan man finder ud af hvem der virkelig er ens venner. Hvor man bliver venner med nogen fordi man netop er på samme sted på samme tidspunkt og sammen om en bestemt ting og når den ting er overstået, har man måske ikke noget særligt sammen mere. F.eks. gik jeg på et teaterhold sammen med en, som jeg blev rigtig gode venner med, men da teaterholdet var overstået viste det sig at vi ikke havde særlig meget sammen. Jeg kom til at spille i band med en som jeg stadig er venner med, og hvis vi ringer til hinanden, kan det godt tage lidt tid inden at vi bliver færdige med at snakke.

Min første rigtig gode ven hed Stefan, ham mødte jeg på børneafdelingen Fjordhøj, vi lavede mange ting sammen, hørte musik sammen, lavede hørespil og en enkelt gang var jeg også på sommerlejr med ham. Han flyttede også med over på ungdomsafdelingen og vi var venner indtil vi begge to forlod skolen. En dag mens jeg var i praktik på blindeinstituttet i lydstudiet, var han der til min store overraskelse også. Jeg har desværre ingen kontakt med ham i dag og om vi ville have noget sammen tvivler jeg på, men det har været fedt at huske tilbage på.

I de følgende år har det været lidt svært at finde venner, da jeg ofte har været steder hvor der har været mange uden sprog. Selvfølgelig har der været folk jeg har snakket med en gang imellem, men de rigtige venner som man har kunnet dele alt med, var der flest af i barndomsårene. Det har nok noget at gøre med at de fleste fællesarrangementer for handicappede, som f.eks. sommerlejre næsten kun er for børn. F.eks. var jeg hvert år på noget de kaldte for sommerskolen på Refsnæs, det var en uge i sommerferien hvor næsten alle blinde og svagtseende børn fra hele landet mødtes og der blev arrangeret forskellige ting for os. Og der mødte jeg en masse som jeg kun så den ene gang om året.

MØDET MED CINDIE

En af de bedste dage i mit liv var den 1. september 2007, her blev Cindie og jeg gift i Engholm kirke i Allerød. Præsten hed Kirsten og det var faktisk hende der i sin tid konfirmerede mig. Det blev en dejlig dag med alt hvad der hører med til et bryllup, riskastning, brudevals og jeg fik også klippet mine strømper i stykker. Men det sjoveste var dog da vi skulle made hinanden med bryllupskage.

Mange misunder os at vi er blevet gift, da mange handicappede sjældent går så langt, da det er meget besværligt. Men vi blev som sagt gift d. 1. september 2007 og havde en fantastisk bryllupsdag som endte ud i en bryllupsrejse på et krystogtskib til Caribien.

Det hele startede med at jeg som 21-årig i 2003 i en periode et halvt år flyttede hjem igen til min plejefamilie i Allerød, da der efter mit ophold på Egmont Højskolen i Jylland ikke lige var et passende bosted til mig. I den sidste periode af mit højskoleophold, havde jeg været ovre og se på et bofællesskab i Århus som jeg gerne ville skrives til venteliste på, når der blev en plads. Desværre viste det sig, at det ikke var der, jeg kom til at bo, da de havde nok af deres egne borgere i kommunen. Jeg var derfor blevet skrevet på venteliste til et bofællesskab i Veksø, som ville stå færdigt i 2004, men i mellemtiden skulle jeg jo finde et sted at bo. Det blev så Johnstrupvang bebyggelsen i Værløse, hvor jeg efter planen skulle bo et halvt år, indtil det andet i Veksø blev indflytningsklar.

Sådan kom det ikke helt til at gå, for da jeg havde boet på Johnstrupvang ca. en måned mødte jeg et menneske som skulle forandre mit liv for evigt. En pige, ved navn Cindie. En dag da der var idrætsdag på Johnstrupvang var der bagefter noget karaoke. En person fra bostedet lovede, at den der turde stille sig op og synge en sang ville gi holdet et ekstra point, så det gjorde jeg. Jeg stillede mig op og sang Kim Larsens "midt om natten" og Cindie blev med det samme dybt forelsket. Men desværre var hun en for stor kylling til at sige det til mig.

Jeg var den gang ret vild med at se programmet "stjerne for en aften", men da jeg ikke havde noget fjernsyn selv, inviterede jeg mig selv over til Cindie for at se det sammen med hende. Og det var der lynet slog ned. Vi var begge to ret sikre på, at det skulle være os og det var noget der gjorde, at jeg ikke rigtig havde lyst til at flytte til Veksø alligevel, da jeg var bange for at det ville gå i stykker mellem os. Dette var en meget svær beslutning at skulle træffe, bl.a. fordi at jeg heller ikke var særlig glad for at bo på Johnstrupvang. De fleste var meget dårligt fungerende og til med uden sprog og derfor umulige at kommunikere med for mig, da jeg ikke kan se deres tegn og fagter. Personalet havde i øvrigt ikke særlig meget forståelse for at jeg var blind og at der derfor var særlige hensyn der skulle tages. Her blev jeg som så ofte før mindet om mit dobbelthandicap og hvilke problemer det gav, da personalet havde specialiseret sig i spastikere, men til gengæld intet vidste om blinde.

Alligevel tog jeg beslutningen om ikke at flytte til Veksø og i stedet blive på Johnstrupvang indtil der kom et sted hvor Cindie og mig kunne bo sammen. Så en dag fik Cindie og mig den ide´ at vi ville tage et ophold på Egmont højskolen sammen, for på den måde at prøve og finde ud af om vi kunne bo sammen. Ledelsen på højskolen syntes at det var en god ide, men kommunen var knap så positive, så jeg fik nej til et højskoleophold mens Cindie fik at vide at hun bare kunne tage af sted. Dette valgte hun gudskelov ikke at gøre, da der ikke var noget formål med det når jeg ikke var med. Derfor blev jeg på Johnstrupvang indtil november 2005 hvor der endelig var en passende bolig til os. Det var en 3-værelses lejlighed i Nærum i et boligkompleks for fysisk handicappede og selvfølgelig var vi lykkelige den dag vi fik tilbuddet.

Det skulle imidlertid vise sig ikke at være så smertefrit, som vi havde troet. Vi måtte kæmpe en lang og sej kamp med kommunen om dels at få noget mere hjælp til mig og dels for at bevare Cindies hjælperordning, som de hele tiden prøvede at tage fra hende. De havde heller ikke den store forståelse for, at jeg både var blind og spastiker og derfor ikke kunne leve op til de krav som de satte i den ordning jeg havde. Jeg fik nemlig bevilget 20 timers pædagogisk støtte, som viste sig at være hjælp til selvhjælp. Jeg skulle bl.a. selv hente min mad i køleskabet og selv lære at gå ned at handle. Og det er jo temmelig besværligt når man ikke kan gå og stå selv, men det mente de at jeg bare kunne træne. De kunne bare ikke fortælle mig hvordan. Udover at huslejen steg voldsomt, så vi ikke havde råd til at blive boende, så blev jeg også alvorlig syg.

Frustrationen over den manglende hjælp og de forskellige hjemmehjælpere som ikke respekterede vores privatliv, resulterede i at jeg udviklede depression og stress. Pludselig en dag begyndte jeg at få voldsomme sammentrækninger, hvor jeg følte at jeg skulle kaste op, uden at der kom noget op. Vi var alle meget nervøse for hvad det var- Jeg har det normal som mange andre mænd, at de ikke er meget for at tage til lægen. Men der blev jeg virkelig bekymret, min daværende læge havde meget humor og sagde vi i hvert fald kunne udelukke at jeg var gravid. Han var overbevist om at det var stress, jeg begyndte også at miste lysten til at spise. Værre var at jeg også mistede lysten til at høre musik, hvilket aldrig nogen sinde er sket før.

Til sidste gik det så galt, at jeg efter eget ønske måtte indlægges. Det var dog svært at overbevise lægerne om, at det var nødvendigt. Men min kone og en af hendes hjælpere fik overbeviste vagtlægen om, at jeg var nødt til at blive indlagt for at få kræfterne til at kæmpe videre. Det var meget godt, for jeg var så afkræftet, at jeg nok ikke ville være i live i dag, hvis det ikke jeg var blevet indlagt. Det var dog noget af en udfordring, da det ville blive for voldsomt for mig at være på en psykiatrisk afdeling og afdelingen ikke kan håndtere en patient der ikke selv kan gå på toilettet. Derfor blev jeg indlagt på Gentofte Hospital hvor jeg skulle tage psykofarmaka og jeg fik at vide, at der ville komme en psykiater og tale med mig en gang i mellem. Dette oplevede jeg desværre kun to gange i den tid jeg var der. Hvilket bestemt ikke var nok, når man var så lange ude som jeg var. Jeg synes også der var en del forvirring, da det ikke var alle læger og sygeplejersker der var lige velinformeret om hvorfor jeg var der og hvad de skulle hjælpe mig med. Bl.a. skulle jeg på et tidspunkt have sat et kateter op i min blære, men da den lige som så meget andet i min krop er spastisk var det fuldstændig umulig. Så de stod og råbte mig ind i hovedet, at jeg skulle slappe af.

Heldigvis var Cindie på besøg den dag, og da hun permanent har kateter, viste hun præcis hvordan det hang sammen. Hun fik i hvert fald fortalt dem at det ikke hjalp at råbe ad mig. Derfor blev jeg med fuld udrykning kørt til urologisk afdeling på Herlev Hospital, hvor de har god erfaring i at ligge kateter på spastikere. Her gik det så let som ingenting.

Efter nogle dage kunne jeg heldigvis få fjernet kateteret igen. Men da det ikke gik lige så hurtig som de synes det skulle med at tisse, mente de at det var nødvendig at få lagt kateter igen. Denne gang ville de selv prøve igen, i stedet for at køre mig til Herlev. Cindie sagde dog at de bare skulle prøve at hjælpe mig på toilettet og give mig lidt ro og fred. Så ville det nok gå af sig selv, og det gjordet det heldigvis også. Jeg kom heldigvis snart til kræfterne igen, og var klar til vores kommende flytning og bryllup. Desværre var der dog ikke fundet en løsning på mit opkastningsproblem. På hospitalet havde jeg hele tiden fået at vide, at når min depression var ovre, ville det også gå over. Det viste sig desværre ikke at være tilfældet. Derfor måtte jeg få taget et par blodprøver, samt en gastroskopi. Det var en meget special oplevelse, da jeg inden da skulle faste. Da jeg ikke havde fået min hjælperordning på daværende tidspunkt, tog Cindie og hendes hjælper med. Her fik de at vide, at de kunne sidde og følge med i undersøgelsen på en lille skærm. Det synes Cindis hjælper dog var for privat, men Cindie har ofte med et grin konstateret at hun er en af de få, der har set sin mands mave indefra. Her viste det sig, at jeg havde spiserørebrok, og at min lukkemuskel ikke fungerer ordentlig. Noget den til tilsyneladende aldrig har gjort, og depressionen har givetvis gjort det værre. Da jeg fik min hjælperordning, skabte det heldigvis så meget ro omkring min situation, at jeg stort set intet mærker til det. Jeg er dog nødt til at tage en pille hver aften inden jeg går i seng for at holde det på afstand. Hvilket mine hjælpere og andre, er meget imponeret over at jeg er så god til at huske. Men det er også kun fordi jeg ved hvor dårligt jeg får det, hvis jeg lader være med at tage pillerne. Enkelte gange, hvis jeg befinder mig i meget stressede situationer, som fx hvis der er sygdom i hjælpergruppen, kan kramperne i mit spiserør godt blive så voldsomme at pillerne ikke hjælper. Så det er et helt sikkert bevis på at det fysiske og psykiske hænger sammen.

HJÆLPERORDNING

Som nævnt tidligere har jeg haft problemer med at få bevilget den rigtige hjælp. Det blev lidt bedre i sommeren 2008. Lige da vi var flyttet her til Hillerød, havde jeg fået bevilget ti timers pædagogisk støtte.

Desværre viste det sig, at der var en del ting, jeg ikke måtte bruge dem til, dels fordi det med denne ordning er meningen, at man skal lære at gøre tingene selv, dels fordi at den pædagogiske støtte ikke måtte hjælpe mig med personlig pleje, det skulle hjemmeplejen stadig gøre. Det resulterede i at jeg enkelte gange ikke var hjemme når hjemmeplejen kom for at lave frokost. Jeg oplevede også en enkelt gang at hjemmeplejen kom for at gøre rent mens jeg ikke var hjemme. Cindie var godt nok hjemme, men da de jo kom for at gøre rent for mig, måtte de gå igen. Det viste sig dog, at der også var andre ting som min pædagogiske personstøtte ikke måtte hjælpe med. De måtte helst ikke køre mig i kørestolen, da der er nogle besværlige løft, de ikke må lave. Fx når jeg skulle op af en kantsten. Personen der var der for at hjælpe mig, havde desuden også dårlig ryg, og der var derfor en del løft, hun ikke måtte lave. Men jeg syntes at hun var rigtig sød, så jeg brugte i stedet nogle af hendes timer på at skrive denne bog. Til gengæld kunne hun være med til at presse på, så jeg fik min hjælperordning igennem, så en fredag i juli samme år havde hun arrangeret et møde med min nye sagsbehandler.

I starten var jeg ikke særligt optimistisk, fordi jeg troede, at vi endnu engang bare ville få et langt foredrag om, hvordan lovgivningen var skruet sammen. Det skulle heldigvis vise sig at gå helt anderledes, for da vi fortalte om mine problemer, var det første hun sagde "Hvorfor har du ikke hjælperordning?" Det var jo helt andre toner end vi havde været vant til, så i april 2009 fik jeg endelig det afgørende brev om, at jeg var blevet bevilget en BPA (Borgerstyret Personlig Assistance) ordning med 17 timers hjælp.

Det var jo bedre end jeg nogensinde havde turdet håbe på. Det specielle og det gode ved sådan en ordning er, at man selv kan vælge sit personale blandt de mange der søger. Da jeg jo skal bruge en del hjælp til at sørge for at hjælperne får den rigtige løn, blev der koblet et handicap bureau på. Det er også derigennem at man søger og finder hjælperne. Så snart jeg fik min bevilling begyndte jeg i samarbejde med Cindie at søge efter de rigtige hjælpere. Den 1. juni 2009 kunne jeg starte op med de første handicaphjælpere. Det var virkelig en fest, for nu kunne jeg pludselig gøre alle de ting, jeg havde drømt om, og samtidig havde jeg trygheden i min hverdag, fordi det var de samme faste mennesker, som kom hos mig. Det var dog ikke uden problemer, da jeg havde svært ved arbejdsgiverrollen i starten. Mit dobbelte handicap gav også udfordringer. Det er jo let nok at finde hjælpere, der har erfaring med personlig pleje og med at arbejde med en spastisk krop. Hvorimod det nærmest er umuligt for folk at forholde sig til en, der er blind.

Det er lidt af en udfordring for Cindie og mig at have hjælperordning begge to, da det godt kan være svært at få det til at køre med så mange mennesker under samme tag. Noget af det jeg især havde det svært med i starten, var især i vores gamle lejlighed, som kun var en treværelses, fordi der ikke var noget sted hvor vi kunne være alene. Dette resulterede i, at Cindies og mit forhold var i en krise, hvor vi var nødt til at sige, at enten skulle vi skilles, eller også skulle vi finde et andet sted og bo. Heldigvis valgte vi det sidste, så i juni 2013 fik vi en ny lejlighed, hvor vi stadig bor, og her har vi al den plads vi kan ønske os. Dette er både bedre for hjælperne og for os.

Førhen, da mine hjælpere var i vores soveværelse, var de nødt til enten at gå ind til Cindies hjælper eller at gå ind i stuen og forstyrre mig. Da vi også går meget op i, at vores hjælpere primært skal fungere som arme og ben, og i mit tilfælde også øjne, er det vigtigt, at man ikke har for tæt et forhold.

Som nævnt tidligere har vi også meget skarpe grænser for hvad vi involverer folk i, og det gælder også vores hjælpere. Når det så er sagt, skal det ikke forstås sådan, at vores hjælpere bare er robotter. Det er bare vigtigt, at man ikke bliver for tætte, hvis der opstår problemer i samarbejdet. Jeg har selv prøvet en enkelt gang at have en hjælper, som insisterede på at blive involveret rigtigt meget i vores liv, men det blev alligevel for meget for hende. Det er jeg vældig ked af, fordi det var en hjælper, jeg var glad for, og i dag har vi desværre ingen kontakt. Når jeg skriver det her, er det ikke for at pille navle, men fordi jeg synes den episode siger ret meget om, hvor vigtigt det er, at ens hjælpere ikke bliver ens venner. Generelt er jeg rigtigt glad for min hjælperordning, fordi det gør, at min kone og jeg kan leve et lige så normalt liv som andre, der ikke skal bruge hjælp.

Noget af det, der var ærgerligt ved, at jeg fik min hjælperordning var, at jeg havde regnet med, at det ville gøre, at jeg fik et tættere forhold til min familie, men desværre har det gjort det stik modsatte. Fordi Cindie og jeg har hjælperordning begge to og begge to sidder i kørestol, bliver vi aldrig nogensinde inviteret med til noget mere. Hvis vi hører om, at de skal holde noget, bliver vi altid valgt fra, fordi der ikke er plads til os. Det er jo lidt tankevækkende, at de handicappede, der ingen hjælperordning har, der må familien sige fra, fordi de ikke magter at hjælpe dem, og i vores tilfælde siger de nej, fordi der ikke er plads til vores hjælpere. Det betyder, at vi ikke har nogen at holde jul med, og vi kun sjældent bliver inviteret med til fødselsdage eller andet. Vi har det jo ellers sådan, at vores hjælpere ikke behøver at sidde med ved bordet, men at de bare skal komme, når vi kalder, men det synes familien ikke, de vil være bekendt.

Det betyder, at jeg hverken har kontakt med min plejemor Hanne eller hendes øvrige familie. Det frygtelige ved det er, at hvis min plejefar Mogens stadig havde levet, havde det ikke været sådan, for han var altid klar til at finde på en løsning, og han gik meget op i, at Cindie og jeg også skulle være en del af familien. Siden 2015 er vi begyndt at holde jul selv med vores hjælpere, de første par år var det selvfølgeligt lidt underligt, at resten af familien ikke var der. Men efterhånden kunne vi se flere fordele ved det. Blandt andet at vi kun skulle give julegaver til hinanden, og at vi kunne lade tingene ske i vores eget tempo.

Min plejemor er også meget ærgerlig over den måde, hun synes vi behandler vores hjælpere på. Hun har engang sagt, at vi lukker vores hjælpere inde, og bare hiver dem frem som en kost, når der skal fejes, og det mente hun ikke at hjælperne ville finde sig i, og derfor var der mange af mine hjælpere, der holdt op. Jeg glemmer heller aldrig den dag, jeg skulle fortælle hende, at jeg havde fået min ordning, og det eneste hun sagde var, at hun selvfølgelig var glad på mine vegne, men at nu skulle hun tage højde for, at vi kom fire i stedet for tre. Når det så er sagt, er jeg rigtig glad for min ordning, og jeg havde ikke haft den i ret lang tid, før jeg både begyndte at gå en hel del til koncerter, gik i teatret, begyndte at gå til skydning, og da jeg havde haft den i halvandet år, tog jeg et frivilligt arbejde som radiovært. Min kommune har godt nok forsøgt at tage den fra mig nogle gange, fordi de har henvist til, at Cindie jo også har haft hjælpere, men heldigvis står Cindies kommune fast på, at når Cindie bruger lift, kan én hjælper ikke hjælpe os begge to.

I starten kunne det godt være lidt svært at administrere hjælperordningen. Men heldigvis har jeg efter mange år fået skabt et rimeligt stabilt hold og jeg har også nogle tidligere hjælpere, der er vikarer hos mig og som træder til når det brænder på. Så alt i alt har jeg fået godt styr på min ordning, og er rigtig godt tilfreds, da Cindie og jeg nu kan leve et mere ligeværdig liv, da vi begge kan komme ud og opleve ting. Både hver for sig og sammen.

OMVERDENENS REAKTIONER PÅ MIT HANDICAP

Mange forældre til handicappede børn, har ofte vidt forskellige måder at agere på i forhold til omgivelserne. Nogen gemmer dem væk i et rum og skammer sig over dem, mens nogen som i min familie, tager dem med over alt. Hanne var jo dagplejemor og derfor kom mange af byens børn som hun passede, jo også til at lære mig at kende. Dette tror jeg har været sundt for dem og deres forældre, da de hurtigt kom til at mærke hvad det ville sige at have med en at gøre, der ikke var som dem selv på alle punkter. Så jeg har ikke i samme grad som andre været ude for folk og deres mærkelige reaktioner. Der har selvfølgelig været noget, hvor folk af usikkerhed har henvendt sig til dem jeg har været sammen med i stedet for til mig. Vi kender jo alle sammen den klassiske situation, med små børn der har fået øje på mig og forskræmte forældre, der nærmest har hevet dem væk. Men når folk er blevet konfronteret med min rapkæftede facon, har de hurtigt opdaget, at det kan godt være at jeg ikke kan gå, stå og se, men at jeg sagtens kan høre, tale og tænke.

Det at have et handicap giver også visse fordele. Min familie og jeg har tit talt om at jeg har prøvet ting, som såkaldt normalt fungerende børn aldrig havde været i nærheden af. Min plejefar Mogens som var lokomotivfører, blev en tidlig søndag morgen ringet op og spurgt om han kunne køre tur med damptog, hvortil han svarede, at hvis han skulle køre nogen tur skulle han have lov at tage sin 9-årige knægt med og han skulle have lov til at prøve det hele. Det fik jeg også, jeg prøvede både at skovle kul ind i fyret, samt at køre toget. Så folk på hovedbanegården har nok gjort store øjne og tænkt på hvad der mon foregik der.

Det var også Mogens der engang tog mig med op i Rundetårn i min kørestol ud fra hans overbevisning om at når Christian den 10. kunne ride til hest derop, kunne jeg også køre i min kørestol derop. Så jo, der er mange børn der ville være misundelige. I mine teenageår skete det tit, at mange kom for at se Refsnæsskolen og da vi var klassen med de mest velfungerende elever, var det ofte vores klasse der fik besøg. Så vadede der bare vildt fremmede fra nær og fjern ind i klassen og stod så der og gloede på os, så jeg næsten følte mig som en af aberne fra zoologiskhave. Det kunne godt være ret belastende.

Nogle gange når det var fastelavn kunne Mogens godt finde på og tage de børn, der kom og raslede og sang med ind i huset og spørge om de ville ind og se en blind. Så stod de små forskræmte børn og ikke vidste hvad de skulle indtil Mogens sagde "I kan bare synge". Det havde jeg det også ret svært med. Jeg var jo på de fleste punkter lige som dem, men kunne bare ikke se. Så det var ikke sjovt at blive udstillet på den måde. Til gengæld husker jeg en anden ret god oplevelse. Jeg var på konfirmand weekend sammen med de andre jeg skulle konfirmeres med. Da jeg var kommet, blev jeg sat i et rum, sammen med de andre og de kunne så få lov til og stille alle de spørgsmål de overhovedet ville, og jeg kunne så svare. Det var rigtigt rart for jeg tror at de opdagede at jeg trods mit handicap var ligesom dem, i hvert fald i knolden.

Der var engang en der sagde til mig at hvis man som handicappet skal blive til noget, skal man sørge for og skabe sig en identitet som menneske og ikke som handicappet. Jeg har det ofte lidt svært ved at ting, der ikke nødvendigvis ville være interessante, bliver der pludselig gjort et stort nummer ud af, alene fordi det handler om os. F.eks. kan jeg huske at Tv-Øst engang var ude for at lave et indslag om vores første skoledag og om hvordan det var, at være kommet tilbage efter ferien. Det ville man aldrig beskæftige sig med, hvis det havde været en almindelig skoleklasse, så jeg syntes at det var enormt latterligt og fik lyst til at provokere ved at sige, at jeg syntes at det var kedeligt at være hjemme og derfor hellere ville være der. Det blev min familie forståeligt nok temmelig såret over og jeg måtte derfor tage hjem og bede om godt vejr og blev heldigvis tilgivet.

Jeg har også været i Tivoli med Cindie og når vi sidder og kysser hinanden, stopper folk undrende op og glor, som om de tænker "gør sådan nogen også det". Engang da jeg var på ferie, jeg tror at jeg har været omkring 13, kom der en venlig dame hen til mig og spurgte med meget barnlig stemme, om jeg kunne se den der store flyver oppe i luften, hvortil min plejefar svarede at jeg var blind. Hun blev så flov, så hun gik sin vej – det ville jeg nok også have gjort i den situation. I det hele taget er det først når folk er fulde, at de tør tale normalt med os. Og så er det lige før at det bliver for meget og selvom at jeg ved, at det er usikkerhed, kan det godt være enormt frustrerende.

Jeg var også i Planetariet med Cindie engang og mens jeg stod og ventede på hende, kom der en mand hen og sagde at gud kunne helbrede mig, han var blevet helbredt. Jeg troede at han var splittergal, så efter at han havde gentaget det 3-4 gange begyndte jeg at spekulere på, hvordan jeg slap af med ham. Først prøvede jeg bare at ignorere ham, men det hjalp ikke, så fortalte jeg ham at jeg faktisk var glad for at jeg ikke kunne se, for så kunne jeg nemlig ikke se hvor grim han var. Til det svarede han, at det ikke var særlig pænt sagt, men at gud elsker os alle sammen, uanset hvor onde vi er. Som sådan er der mange der tror at handicappede mennesker er så ulykkelige. For mit eget vedkommende er der selvfølgelig nogen ting jeg ikke kan, men jeg har næsten alt hvad jeg vil have, så jeg skal ikke klage.

MINE GRÆNSER

I min familie har vi en, som er meget åben og som fortæller alt om sig selv også de meget personlige ting og det kan både være til nogen hun har kendt altid og nogen hun lige har mødt for første gang. Ikke nok med at hun fortæller alt om sig selv, hun fortæller også alt om sin omgangskreds - Og ikke mindst alt om mig. Man lærer jo af sin familie, så dengang jeg var dreng, gjorde jeg det samme. Efter at jeg er blevet voksen, har jeg opdaget hvor vigtigt det er at ha´ et privatliv, da man som handicappet er nød til at involvere mange mennesker i sit liv. Også selvom at man måske ikke altid har lyst til det, fordi man jo skal bruge deres hjælp. Min kones og min situation var i lang tid den, at hun jo har hjælper hele døgnet og jeg havde hjemmeplejen, hvor der også kommer mange forskellige. Dengang som nu gjorde det at ting, som man ikke selv ville opfatte som særligt private, opfatter vi som meget personligt og tit har vi ikke lyst til at fortælle om det. F.eks. når vi skal fortælle noget til nogen. F.eks. hjemmeplejen, at vi skal afsted på ferie. De får selvfølgelig at vide hvornår vi tager afsted og hvornår vi kommer hjem igen, men det er ikke sikkert, at de får at vide, hvor vi skal hen. Det er det desværre ikke alle der lige forstår, så nogle gange bliver folk ved med at spørge og bliver død fornærmede, hvis ikke vi vil svare. Men som vi siger

"Hvad skal de bruge det til"? de er der jo for at levere en ydelse og hvad der ellers foregår, skal de ikke blande sig i. Hjemmehjælperne i Hillerød havde heldigvis meget forståelse for det, og respekterede det, men der hvor vi boede før, var det ikke lige velset. Der kunne godt være nogen af hjemmehjælperne, der blev så fornærmede, at de aldrig mere ville komme igen. Nogen syntes måske at det er noget pjat, at vi ikke vil fortælle tingene, men vi bliver nødt til at værne om vores privatliv. For ellers har vi ikke noget til sidst. Derimod får vi meget mere lyst til at fortælle, hvis folk ikke forventer at de skal vide det og ikke spørger ind til det og i stedet venter på at vi selv siger det, hvis vi har lyst. Den dag i dag, hvor jeg også har hjælperordning, og det dermed er det samme faste hold, der kommer her, er det selvfølgelig meget mere naturligt at åbne op. Der er dog stadig ting, vi gerne vil holde for os selv, indtil vi har lært folk at kende.

MINE FORBILLEDER

Jeg har altid været meget interesseret i musik, som sagt både at høre den og at lave den selv og selvfølgelig har jeg også haft en masse kunstnere og grupper der har inspireret mig. Da jeg var mindre var jeg typen der hørte et bånd eller en plade i et halvt år, til det nærmest var slidt hvorefter jeg, når nogen spurgte, sagde at denne kunstner eller gruppe havde jeg aldrig brudt mig om. Enkelte er jeg så begyndt at lytte til senere i livet, mens andre kunne jeg aldrig drømme om at sætte på den dag i dag. Som 8-9 årig blev jeg storfan af Roy Orbison, det er ham der er kendt for numre som "Pretty Woman" og "California Blue". Kort tid efter hans død var jeg med min familie på Tenerife, hvor de over en af fjernsynskanalerne viste en koncert med ham, og herefter måtte jeg have fat i alt hvad jeg kunne støve op af kassettebånd med ham. Jeg var dybt fascineret af hans høje lyse stemme. Det varede dog kun en kort periode og så var det ikke interessant længere. Jeg har dog som voksen taget tråden op igen og opdaget at jeg kan komme lige så højt op i tonen som han kunne, ovenikøbet uden at gå i falset. Jeg har nok haft det sådan med mine idoler, at det var vigtigt for mig også at kunne li' det som mine kammerater kunne li'. I dag har jeg det nok mere sådan, at jeg kan li' det jeg kan li' - og så lad mig dog for fanden kunne li' det i fred. De næste jeg blev fan af, er jeg stadigvæk den dag i dag fan af. Det var gruppen Michael Learns To Rock, kendt for sangen "The actor". Jeg beundrede dem for den fantastiske evne de havde og stadig har, til at skrue et godt pophit sammen. Jeg er faktisk så stor fan, så jeg engang har skrevet en hyldestsang til dem. Jeg har også haft sendt den til dem, men har aldrig fået nogen tilbagemelding og ellers er jeg jo fra tiden hvor det blev in med rap på dansk og har været fan af både Østkyst Hustlers og Humle Ridderne.

Min plejefar har hele mit liv altid været vild med Kim Larsen, som barn og ung forstod jeg simpelthen ikke hvad hele Danmarks befolkning så i det gamle fjols, han var jo bare en kedelig morfaragtig type, der kun sang kedelige sange om familieskovture og andre af livets små banale glæder – troede jeg, indtil at jeg en dag var på café med min storebror hvor de i højttaleren spillede noget af hans musik. Jeg sagde henkastet til ham, "Sikke noget gammelt lort de spiller der". Så sagde han til mig at jeg skulle prøve at høre noget Gasolin og det gjorde jeg så og fra det øjeblik var jeg solgt. Jeg blev med det samme vild med de 4 gutter, deres fremtoning og deres musik. Der var en råstyrke og en energi som jeg ellers savnede i den musik, der var fremme på det tidspunkt.

Jeg har dog siden fundet ud af, at Kim Larsen også som solist var en stor kunstner. Og den 30. september 2018, hvor han desværre gik bort, var en sorgens dag for mig og mange andre danskere.

Men tilbage til Gasolin, de havde denne utrolige evne til at skifte fra at være de her rå gadedrenge til at være meget meget romantiske og poetiske. Og det er det, jeg selv har taget til mig og forsøger at føre videre i min egen sangskrivning. Hvis man lytter til de to plader jeg ind til videre har lavet med mine egne sange, er man temmelig sikkert ikke i tvivl om hvor jeg har det fra. Noget jeg også er meget inspireret af, er hele New Age bølgen, med navne som Mike Oldfield og Enigma. Så I kan nok høre, at jeg er meget inspireret af mange forskellige ting. Jeg syntes selv at jeg har en god og kritisk musiksmag og har meget svært ved at tackle hvis nogen prøver at påvirke den i en anden retning. Noget af det værste jeg ved, er at der ifølge nogen er en nærmest uskreven regel om, at nogen ting skal man kunne lide. F.eks. påstande som Beatles er verdens bedste band, eller Elvis var genial. Det er selvfølgelig ok, at nogen har det sådan, men man kan da ikke forlange, at det skal alle bare synes. Personligt har jeg selv haft det sådan i mange år at Beatles det kunne jeg ikke fordrage. Da jeg en dag sagde det til min musik lærer Inger, fik jeg at vide at det nærmest var en dødssynd. For at være pop komponist uden at kende The Beatles svarede til at være klassisk komponist uden at kende Mozart. Senere har jeg dog fundet ud af, at der jo er en grund til at de bliver regnet for at være verdens bedste band. Egentligt havde jeg det jo sådan at det kunne være spændende at høre en Beatles plade, men jo mere hun sagde at det skulle jeg, jo mere gik der sport i at sige, at det ville jeg i hvert fald ikke. Sidenhen har jeg dog investeret i et par Beatles-plader, og synes at det er fremragende, især de år, hvor de var mest eksperimenterende. Jeg husker også en gang, hvor jeg sagde til min far, at jeg syntes at Elvis var overvurderet, hvortil han svarede at sådan noget måtte jeg bestemt ikke gå rundt og sige, for så kunne man nemt få den opfattelse at jeg var sådan en nar, der ikke havde forstand på musik. Jeg har haft idoler som nogen ville sige, at det ville være lidt pinligt at kunne li f.eks. Lars Lilholt. Ham er det nærmest forbudt for folk under 50 at kunne lide. Han kan meget andet end "Kald det kærlighed" og lader sig faktisk inspirere af mange forskellige genre. Ok han synger ikke specielt godt, men hans orkester er fantastisk dygtige. Jeg bliver ret forarget hvis jeg opdager at han ligger på Dansk toppen, jeg syntes nemlig ikke at han hører hjemme i den, efter min mening musikalske skraldespand. Jeg har været til koncert med ham masser af gange og det har været helt fantastisk.

Min største oplevelse af dem alle med et idol, var ikke med en musiker, men der i mod med multikunstneren Erik Clausen. Ham er jeg ret vild med, da mange af de skæbner han beskriver i hans film, minder meget om mit eget liv og en dag mens jeg boede inde på blindeinstituttet fortalte min hjælper mig at Erik kom derind. Jeg troede at det var løgn, men der skulle åbenbart være en udstilling af nogen skulpturer han havde lavet. Uheldigvis skulle jeg noget andet den dag og kunne derfor ikke være hjemme mens han var der. Heldigvis nåede jeg alligevel hjem og kunne møde ham og det var en helt utrolig oplevelse. Han var nøjagtig lige så rap i replikken, som han er i filmene. Jeg husker at der blev død stille i lokalet mens jeg snakkede med ham. Jeg tror at man ville høre hvad den store beundrer sagde til sin helt. Jeg husker at jeg sagde, at jeg syntes at det var nogle gode film og jeg husker at han svarede tilbage at jeg havde en god smag. Jeg husker også at han forklarede hvad han syntes der var så godt ved at lave film. Nemlig at man i en scene kunne vise ham den gamle i kørestol og så i samme øjeblik kunne klippe, så der stod en ung flot fyr. Selvom at jeg ikke kan se, kunne jeg fornemme, at han idet han sagde det med kørestolen, kiggede lige ned på mig. Det var en helt fantastisk oplevelse, som jeg vil huske til min dødsdag. Han er desværre det eneste af mine idoler jeg ind til videre har mødt personligt, men sikke et idol.

Min seneste åbenbaring inden for musikverdenen, er sangerinden Katie Melua. Det startede med at jeg i radioprogrammet Studie 4, hørte hende synge sangen "Nine million Bicycles" og det rørte mig meget dybt. Jeg syntes at det er helt utroligt hvad hun kan i sin unge alder. Der har ikke været mange udenlandske kunstnere igennem tiden der har sagt mig noget, men hun har været en stor undtagelse.

Nu ved I lidt om, hvad jeg har beundret og hvad der har inspireret mig igennem tiden. Der har selvfølgelig været meget mere og mere vil følge, men det ville fylde mindst 3 hele bøger så det vil jeg undlade at trætte jer med.

TEMMELIG TEATERTOSSET

Min store interesse for teatret startede, da jeg som 13årig i 1995, deltog i "Prinsessen på ærten", som lydmand. Stykket var forberedt som et underholdende indslag ved et forælderarrangement, på min boafdeling, Fjordhøj, på Refsnæsskolen. Min pædagog Sanne havde instrueret stykket, og havde blandt andet skrevet nogle sange, som de medvirkende skulle synge.

Vi fik selv lov at vælge hvilke roller vi ville have, og jeg valgte at være lydmand, da jeg dengang gik meget og i lyd og teknik, og var for genert til at være med på scenen. Vi brugte ret lang tid på at øve og fik et bånd med hjem med historien og sangene på. Det var meget hemmeligt. Vi fik strenge ordrer på ikke at fortælle hvad vi skulle lave, og lade være med at spille båndet andre steder end på vores værelser.

Jeg fik udlevere en liste over de lydeffekter der skulle bruges, som jeg så gav videre til min lærer Jens, der stod for skolens lydstudie. Derefter kunne jeg bruge tid på at klippe det bånd sammen, der skulle bruges. Da jeg kun havde en båndoptager med to kassetter hos min plejefamilie, måtte det forgå derhjemme med høretelefoner på.

Sanne havde mange sjove ideer til hvilke lyde der skulle bruges, såsom hanegal, bryllupsklokker og tordenvejr. Hun havde desuden den ide, at stykket skulle afsluttes med brudevalsen, mens prinsen og prinsessen dansede, og publikum klappede taktfast. Den var desværre ikke til at opdrive i skolens lydkartotek, men et af de andre personaler havde dog et bånd med den, som hun straks kunne gå hjem og fiske op af sin skraldespand, hvor det var havnet få dage forinden. Så jeg fik lavet et rigtig godt lydbånd, som passede perfekt til de forskellige scener. Dette var en spændende og sjov opgave at være med til. Det blev en succes hos publikum. Vi skulle oprindeligt kun have spillet det to gange, for forældrene om lørdagen og for resten af skolen den efterfølgende mandag. Da der var mange der havde hørt om stykket, måtte vi spille en lang række ekstraforestillinger, i forbindelse med kurser og andre ting.

To af os var flyttet fra børneafdelingen Fjordhøj, til ungdomsafdelingen Vest, nemlig mig og en ved navn Daniel, derfor var det noget af en opgave at få os til at mødes. Da vi alle var ved at være lidt trætte af det stykke, snakkede vi om at tage betaling for det, men det blev dog ved snakken. Den sidste forestilling spillede vi et år efter at vi havde spillet den første. Det var en torsdag formiddag i foråret 1996, så Daniel og jeg havde fået fri fra skole, så vi kunne være med. Fra denne forestilling husker jeg en særlig sjov oplevelse. Det føromtalte lydbånd var pludselig blevet væk, og personalet havde forgæves ledt alle vegne, og vi kunne ikke nå at lave et nyt. Heldigvis var Sanne kreativ og havde straks en ide til hvad vi kunne gøre. Jeg fik en grydeske og et grydelåg i hånden og et skilt på ryggen hvor der stod lydmand og jeg skulle så lave de fleste lyde med munden og slå på grydelåget en gang imellem. Dette gav forestillingen en ekstra underholdende dimension, både publikum og skuespillere var ved at knække sammen af grin, og jeg havde da også selv svært ved at holde masken. Vi kom dog igennem det med godt humør, og alle virkede til at have nydt forestillingen.

Der var mange der var glade for at jeg var lydmand, dels fordi jeg var god til det med teknikken og dels fordi der var mange der mente at jeg ikke kunne synge, fordi min stemme på det tidspunkt var i overgang og jeg havde svært ved at nå de høje toner.

Da der ved de sidste forestillinger var kommet mange nye børn på børneafdelingerne, der ikke kendte sangene, spurgte jeg om ikke jeg skulle synge med for at hjælpe, hvortil der blev svaret, i et overbærende tonefald, at det måtte jeg da gerne, hvis jeg kunne ramme tonerne. Da jeg en dag sang en af sangene alene, fik jeg den bemærkning, at det var godt at jeg var blevet lydmand. Oplevelsen med dette stykke gjorde at jeg fik lyst og mod på mere teater, og også min sang har jeg udviklet siden hen.

Der kom hurtigt en ny mulighed for at lave teater, nemlig året efter i 1997, hvor jeg var blevet 15 år. Der var ikke de samme traditioner for at lave noget underholdning til forældredagen på ungdomsafdelingen som på børneafdelingen, men det skulle der gøres noget ved nu. En ny pædagog der var startet ville lave en revy, hvor alle os børn skulle karikere de voksne. Da afdelingen havde en meget gammeldags leder, hvis humoristiske sans var meget begrænset, synes han bestemt ikke at det var nogen god ide. Der var ingen der skulle gøre grin med ham. Lidt i desperation, eller nærmere for sjov, foreslog vores pædagog Hanne så at vi da bare kunne lave "Jeppe på bjerget".

Dette viste sig dog at være en rimeligt kompliceret opgave, da stykket er skrevet for mange hundrede år siden og i et meget svært forståeligt sprog. Det viste sig tilmed også at nogle af os havde fået nogle roller, som vi ikke kunne udfylde. Så i stedet for at lave det oprindelige, skulle vi genfortælle stykket. Det som vi sagde, blev skrevet ned, så det hed sig, at det var os, der havde lavet "Jeppe på bjerget". I øvrigt fik jeg rollen som Jeppe, og en pige jeg var kæreste med, der hed Susanne, fik rollen som Nille, hans kone. Hun slår i stykket Jeppe med en stok hun kalder "Mester Erik". Hun nød i øvrigt denne rolle, så kunne hun få lov at give mig nogle bank. Denne forestilling var meget hemmelig, for forældrene skulle komme og se den. Jeg havde fået at vide, at selvom jeg trængte til at blive klippet, måtte jeg vente til stykket var overstået. I scenen hvor Jeppe bliver klædt ud som baron, prøver han at lægge an på ridefogedens kone, som i vores opsætning blev spillet af en pige der hedder Kristina, med en lidt stor barm. Vi havde indstuderet, at når jeg blev tilpas fuld, skulle jeg læne mig kærligt ind til hende, og da jeg gjorde det, var min plejemor ved at knække sammen af grin og sagde henvendt til vores afdelingsleder, der sad overfor hende: "Han får lov til at rage på pigerne, uden at få skæld ud – ja han **skal** faktisk" hvortil lederen svarede: "Ja, det er da et par gode bryster", og min plejemor sagde: "Det har passet ham glimrende".

Stykket var en stor succes, men blev ikke spillet igen og igen som det første. For mig personligt betød stykket meget, dels syntes mange at jeg var god i rollen som Jeppe og dels gjorde det at Hanne og jeg lærte hinanden bedre at kende. Og sidst men ikke mindst betød det at jeg fik endnu mere mod på teatret.

Da jeg som 18årig flyttede fra Refsnæsskolen til Instituttet for Blinde og Svagtseende i Hellerup, skulle vi i efteråret opføre en teaterforestilling for elever og medarbejdere, samt vore egne familier. Vi skulle denne gang selv lave historien. Stykket var en moderne udgave af "Klods Hans" som i vores version havde fået titlen "Klods Hans – Millennium 2000".

Stykket havde mange elementer fra den oprindelige "Klods Hans", men havde derudover dele fra andre eventyr med, såsom "Hans og Grethe", "Emil fra Lønneberg" og "Den lille havfrue". Som i den originale version, var der en landmand og tre brødre ved navn Duplo, Teknik og Klods Hans. Duplo og Teknik var de kloge og Klods Hans var nærmest skæv og meget autistisk, så ham var der ingen der regnede for noget. Faren havde meget svært ved at tjene penge som landmand, og ville gerne have de to til at bestille noget. En dag kommer deres avis "Pløj Tidende" ind ad døren. I den står der, at den der kan dræbe den farlige elefant, skal få prinsessen og de halve Legoland. En dag hører Klods Hans en indre stemme, der siger at han er den udvalgte. Han drager herefter straks afsted, ridende på ryggen af en tyr. På vejen møder han en række kendte eventyrfigurer, der hjælper ham ved forskellige prøvelser. Blandt andre Hans og Grethe ridende på "Den Grimme Ælling", personificeret som mig, kørende i en gammel stol. Lampens Ånd, også som mig, svævende ned fra loftet i en gammel hængekøje og endeligt den Lille Havfrue som jeg lagde stemme til. Herudover sang jeg to sange, den ene en syret blues som jeg havde skrevet sammen med vores lærer (Lille Lars) og den anden "Du er min store kærlighed" af Anders Mattesen.

Under arbejdet med dette stykke fik jeg nogle ret gode venner, blandt andre en ved navn Jesper, med hvem jeg skrev store dele af dette vanvittige stykke. Han havde i øvrigt hovedrollen som Klods Hans, hvilket han gjorde ganske fremragende. I dette stykke fik jeg oplevelsen af, at selvom det ikke er alle på sådan et hold, man er lige gode venner med, kan man sagtens arbejde sammen, når det virkelig gælder. Skønt jeg ikke tror at publikum forstod ret meget af hvad der foregik på scenen, tror jeg at alle havde en god og sjov oplevelse, om ikke andet, havde vi skuespillere det vanvittigt morsomt. Vi spillede som sagt stykket to gange og havde blandt andet professionel hjælp fra en skuespiller ved navn Jakob Stage, som har spillet med i "Dancer in the Dark".

Året efter, i 2001, åbnede der sig en mulighed for at prøve kræfter med teateret igen. Efter sommerferien drog jeg til Egmont Højskolen i det nordjyske. Her er der en masse forskellige fag man kan vælge, blandt andet musiklinje som jeg selvfølgelig havde. To gange om året bliver der afholdt en temauge, og i efteråret er det som regel teater. Her skal hele skolen bidrage på forskellig vis med at få en forestilling op og stå. Da der på dette hold var en masse musikglade elever, som både kunne synge og spille, skulle vi naturligvis lave en musical.

På dette tidspunkt var programmet "Pop Stars" meget populært i TV og derfor gik vores stykke i al sin enkelhed ud på, at man så en hel del unge mennesker deltage i en sangkonkurrence, og skulle så følge deres karrierer. Derfor havde vores stykke fået navnet "Top Stars". Sangene i stykket var fra forskellige store musicals gennem tiden. Man skulle selv krydse af hvilket hold man gerne ville på, ved at have et første valg og et andet valg. Da jeg på forhånd var sikker på at komme på holdet med sang og skuespil, valgte jeg lyd og lys som andet valg. Desværre var det imidlertid mit andet valg jeg fik, da der i forvejen var mange der havde meldt sig på sang- og skuespilholdet. Det var noget af en skuffelse for mig, idet jeg følte at jeg var med uden egentlig at være med, da der først rigtigt blev brug for mig sidst på ugen. Da jeg af gode grunde har svært ved at styre det med lyset, blev jeg sat til at tage mig af lyden. Det foregik på den måde, at en af de andre stod ovre ved mikseren, mens jeg sad med høretelefoner på og sagde når der var noget, der var for svagt eller for kraftigt. Vi fik dog i fællesskab lavet en god lyd, som jeg tror publikum var fuldt tilfreds med. Jeg havde i øvrigt inviteret min far over og se stykket. Jeg havde forberedt ham på, at han ikke kom til at se sin søn som skuespiller, hvilket han blev noget skuffet over. Han kom dog bagefter og sagde at jeg havde lavet en fantastisk lyd.

Jeg besluttede at jeg ville tage revanche året efter og sådan blev det heldigvis også. For året efter havde de stillet os noget af en udfordring, da vi skulle opføre Woyzeck, som havde gået med stor succes på Betty Nansen Teatret. Atter en gang meldte jeg mig på skuespilholdet og tog musikken som min anden prioritet, men stik imod min forventning var det min førsteprioritet jeg fik. Stykket Woyzeck handler om en fattig soldat, som bor sammen med Marie og de har et barn sammen. De er meget fattige, men Woyzeck skaffer pengene som barbér for en kaptajn og som forsøgspatient hos doktoren spillet af mig. Doktoren laver en masse vanvittige forsøg med ham, udelukkende for forsøgenes skyld, som for eksempel at lade ham leve af ærter i tre måneder. Woyzecks kæreste Marie, er meget løs på tråden og er sammen med alle de mænd, hun kan komme i nærheden af. En dag finder Woyzeck ud af, at hun har været sammen med Tamburmajoren, hvilket gør ham så vanvittig, at han først dræber hende og drukner sig selv bagefter.

Vi var ret mange på holdet, men det var også godt, for der skulle bruges mange medvirkende i stykket. Der var også en hel del sange med i stykket, skrevet af Tom Waits, så nogle af os skulle selvfølgelig synge. Så der blev holdt audition i bedste Pop Star stil, for at finde nogle gode stemmer. Desuden var der en professionel sanglærer på, som skulle øve med os. Os der ville synge, fik lov til at synge en sang hver, så de kunne høre hvad vi kunne. Jeg sang Danseorkestrets "Kom tilbage til mig", med fuld knald på og imponerede både sanglærerne og de øvrige skuespillere. Jeg blev med det samme valgt til at spille rollen som den onde doktor, en rolle jeg var noget nervøs for, da der var mange svære replikker, men som jeg med tiden nød mere og mere, da jeg godt kan lide at spille ond. Under en af prøverne til stykket skete der desværre det, at jeg fuldstændig mistede min stemme, midt i en af scenerne. Derfor var jeg noget nervøs for, hvordan jeg skulle klare det på selve dagen, men det gik heldigvis fremragende og jeg fik mange klapsalver undervejs.

Jeg var meget rørt og stolt over at være med, da jeg slet ikke havde regnet med at få en rolle i stykket overhovedet, og da slet ikke så stor én. Jeg synes det er en fantastisk historie og nogle meget gode sange. Det var et meget svært tilgængeligt stykke og nogen mente at det var for stor en opgave for os, men vi klarede den alligevel. Vi havde kun en uge til at lave det, men på trods af den korte tid, var det dejligt at få så stor en udfordring.

Et års tid efter kom stykket igen op på Betty Nansen Teatret, og jeg skulle selvfølgelig ind og se det opført af de professionelle. Blandt de medvirkende var Kaya Brüel, som Marie og Ole Thestrup som "Kaptajnen". Det var rigtig godt, men jeg synes faktisk at vores egen opsætning var bedre fordi der, i den var mere dialog og fordi en af mine yndlingsscener var skåret fra i den professionelle opsætning. I øvrigt var det en fordel for mig, at jeg kendte stykket så godt i forvejen, da jeg skulle se det på teatret. Ellers ville det have været svært for mig at følge med i, fordi jeg ikke kunne se hvad der foregik på scenen.

I 2005 deltog jeg i et nyt teaterprojekt i forbindelse med H.C. Andersen året. Jeg havde meldt mig til det gennem et undervisningstilbud kaldet SUKA. Jeg havde i første omgang sendt et brev til dem, der stod for det, om at jeg var interesseret, men på det tidspunkt havde de ikke lige noget. Senere ringede de alligevel til mig og spurgte om jeg ville deltage. Jeg måtte dog fortælle dem at jeg var blind og sad i kørestol, men det var ikke noget problem. Vi var ni på holdet, hvor de fleste var psykisk udviklingshæmmede i større eller mindre grad, og to lærere ved navn Bo og Helle til at undervise os.

I første omgang var det ikke helt besluttet hvad vi skulle lave, andet end at det skulle være noget med eventyr, da det jo var H. C. Andersen-år. Undervisningsdagene var to dage om ugen, mandag og tirsdag fra klokken fra 10 til 15.30. Det første halve år gik med at vi hørte og læste forskellige eventyr og lavede forskellige drama øvelser. Blandt andet skulle vi gå rundt i en rundkreds og sige forskellige lyde, så vi kunne lære at fortsætte, når en anden var færdig. Dette kedede mig en hel del, da jeg jo sagtens kunne finde ud af det. Der var dog en anden øvelse jeg synes var væsentlig sjovere, nemlig hvor vores lærer Bo, skulle være kioskejer, og hvor jeg skulle være kunde. Han havde en meget barsk og sort humor, men det lykkedes mig at få ham hylet helt ud af den, hvilket gjorde øvelsen enormt sjov, og jeg glædede mig til at det blev min tur.

En dag skulle vi i gang med at skrive den færdige historie, hvilket viste sig at være en rimelig besværlig opgave, da vi grundet de andres handicap fik nogle vidt forskellige ideer der gjorde det svært at føre det et bestemt sted hen. Derfor tog Bo en beslutning om at vi, i stedet for at lave historien selv, skulle tage et af Andersens egne eventyr og valget faldt på "Kejserens Nye Klæder". Her blev man introduceret til en ret speciel teaterform, nemlig begrebet "Sort Teater", der er en teaterstil der foregår i mørke, med ultraviolet lys og selvlysende neonfarver. Skuespillere og hjælpere kan så bevæge sig rundt på scenen iført sort tøj og derfor være "usynlige". Effekterne kan på den måde svæve rundt i luften og dette giver en flot visuel oplevelse. Dette er en meget velegnet teaterform når man har med udviklingshæmmede at gøre, da mange har svært ved at huske replikker, eller har for svært ved at sige dem, så det lyder nogenlunde forståeligt. Der er nemlig normalt ikke ord med i en sådan forestilling. Denne her var dog lidt af en undtagelse på det punkt, jeg skulle nemlig være fortæller og hjælpe publikum godt gennem historien og kunne derfor præge det med mine egne skøre indfald. Bo havde hjulpet mig med at ændre ordvalget lidt, så det blev i et mere moderne sprog.

Stykket blev en stor succes, og der var mange der gerne ville se os og vi spillede seks forestillinger. To af dem i øvrigt om aftenen, for så kunne vi nemlig også spille for vore familier og andre bekendte. Ved den ene af disse aftenforestillinger havde jeg inviteret min plejefamilie, og til min store overraskelse kom min far og hans kone også. Alle var meget imponerede over hvordan jeg kunne huske hele den historie udenad og over mit flotte kostume, der skulle forestille et fantasidyr. På trods af at undervisningen ikke lige havde været for min målgruppe, syntes jeg at det havde været kanon sjovt, og at de havde været gode til at få noget positivt ud af alle de medvirkende.

Under processen havde det været svært at forestille sig at det nogensinde skulle blive til noget, da det ikke var alle der var lige motiverede. Desuden kørte samarbejdet mellem de to lærere ikke specielt godt og det var også med til at ødelægge det lidt for os andre.

Så en dag fik vi at vide at Helle var stoppet og i stedet trådte Bos kone Sanne til og det gav en helt anderledes og mere positiv energi til holdet. Desuden var forholdet mellem hende og mig også langt bedre. Jeg har også indtryk af at de havde haft stor glæde af at have mig på holdet og et år efter inviterede de mig til at komme og se deres nye forestilling. De synes begge, at jeg skulle komme tilbage på holdet igen, hvilket jeg nok gør når jeg får tiden og overskuddet til det.

Mine mange oplevelser med teatret har været utroligt positive og selvom det er svært at deltage i en

teaterforestilling, når man både er blind og sidder i kørestol, så
går det nok med kreative og hjælpsomme mennesker, som tror
på at man sagtens kan, når bare man får den rigtige rolle.

I foråret 2019 fik jeg igen mulighed for at lave teater. Jeg var
få år forinden startet på aktivitetstilbud på Blinde Instituttet.
Der havde gennem flere år være tradition for at der på
ungdomsuddannelsen skulle laves et teaterstykke, hvor de
unge elever skulle være på scenen som skuespillere mens os
fra aktivitetsgruppen skulle stå for sang og musik. Men år 2019
skulle være anderledes, for der blev det besluttet at alle skulle
i betragtning til roller hvis de havde lyst, og det havde jeg
naturligvis. På dette sted er der tradition for at man skriver
stykket selv, vi havde en teaterinstruktør på som ville have at
stykket skulle spilles i mørke. Derfor skulle der gøres ekstra
meget ud af lyd og musik, og da det jo er et sted for blinde, er
det jo fremragende.

Det år hed stykket Hotel Rigsus, et hotel hvor der altid er
mørkt, da personalet helst ikke vil have folk skal opdage at de
er mange 100 år gamle. Den eneste måde de kan overleve på,
er ved at suge latter ud af hotelgæsterne. I stykket fik jeg rollen
som den onde hoteldirektør, der koster rundt med sine ansatte,
en rolle jeg overtale dem til at give mig. Da jeg mente jeg var
selvskrevet til og sidde i en stol og råbe ad andre. En
forestilling der i øvrigt slutter med, at jeg bliver taget til fange
af satan. På et tidspunkt da de skal lave et forsøg, hvor de skal
måle den højeste latter, skal der fortælles en masse vandede
vittigheder, og da det forgår derinde, handler det selvfølgelig
en hel del om blinde. Det var en utrolig positiv oplevelse og
være med til, selv om stykket var ret uhyggeligt og meget
mærkeligt. Der var sågar en af mine hjælpere, der var der med
sin lille søn, og sønnen troede at jeg altid talte sådan. Udover

at jeg spillede denne rolle, var jeg også med til at skrive nogle af sangteksterne til stykket.

Her i år 2020 spillede vi lidt af en fremtids gyser, kaldet Fejl 404. Stykket forgår langt ude i fremtiden, og omhandler et folkefærd kaldet Iboser, en reference til at Instituttet officielle navn er IBOS. Disse væsner lever i nogle bikube lignende celler, hvor de bliver klargjort, får mad og tøj på og som de så bliver skudt ud ad. De har en dag om året, hvor de kan komme på deres egen ferie, kaldet Susetur, hvor de rejser med de særlige suseportaler. Normalt må disse væsner ikke rejse samme sted hen, men det sker lige pludselig ved en fejl. Her finder de ud af hvor godt er at være sammen og kommer for første gang til at smage pizza. Der er det særlige ved disse pizzaer at de kan synge.

I dette stykke havde jeg hele to roller, jeg spiller den gamle Doktor Umlor, som kun ganske få forstår hvad siger, og som bestyrer susportalen. Her deltog jeg ligeledes i mange forskellige projekter. Vi var alle, både skuespillere og musikere med til at skrive en del af sangene. Det var især en sjov udfordring at skrive den særlige pizza sang, og så forstille sig at det var pizzaer der skulle synge den. Der blev så meget brug for mig alle steder, at de var nødt til og vælge hvem der bedst kunne undvære mig. Dette blev en sjov og rigtig positiv oplevelse og er, synes jeg selv, indtil videre en af de bedste teaterforestillinger jeg nogen sinde har været med til, da jeg ved den lejlighed kunne spille på hele mit faglige klaver. Vi spillede hele 3 forestillinger, 2 om dagen for instituttet, og en om aftenen for familie og pårørende.

Desværre blev stykket jo også en lille smule profetisk, da det jo handler om at være mere sammen, og umiddelbart efter kom coronakrisen, og med den også en situation hvor vi absolut ikke måtte være det. Som alle andre håber jeg meget på snart at kunne stille mig på de skrå brædder igen.

MUSIKALSK TALENT – ELLER MANGEL PÅ SAMME

Jeg har det meste af mit liv haft stor kærlighed og interesse for musikken, både for at lytte til den og for at lave den selv. Det startede i en meget tidlig alder og jeg vil tro, at noget af det første jeg overhovedet har hørt, har været min brors Depeche Mode plader. Jeg har på det område været et meget specielt barn, fordi jeg ikke gad høre børnesange. Jeg tror jeg syntes at det har været for kedeligt. Min far prøvede ellers at spille alle de børneplader, som min bror og min søster ellers havde været så glade for, men det havde absolut ingen interesse. Jeg ville hellere lytte til Boney M eller Roy Orbison. Jeg havde som seksårig så godt et sprogøre, at jeg kunne synge de engelske tekster fuldstændig flydende, jeg forstod bare ikke selv hvad det var jeg sang. Det bedste legetøj man kunne give mig var en grydeske og et grydelåg. Så kunne jeg få flere timer til at gå, med at banke på det, og skråle i vilden sky.

Da jeg var seks år startede jeg i børnehaveklasse på Refsnæsskolen og havde blandt andet musik. Det synes jeg ikke var nogen særlig rar oplevelse, da vi havde en meget skrap lærer, som kunne blive afsindigt vred, hvis vi ikke lige gjorde som hun sagde. Så dette gjorde at selvom jeg elskede musik, så var det bestemt ikke mit yndlingsfag på skolen.

På skolen var det meningen at de fleste elever skulle have individuel klaverundervisning, da man jo siger at de fleste blinde er musikalske. Dette skulle jeg heller ikke snydes for, jeg vil dog nok erkende at det ikke lige er der at mit talent ligger, hvilket jeg også tror at lærerne fandt ud af. Derimod gjorde jeg store fremskridt ved trommerne. Jeg gik i første omgang til trommer en gang om ugen, hvilket jeg var enormt glad for. Undervisningen foregik på den måde, at min lærer sad og spillede en blues rundgang på klaveret, og jeg skulle så forsøge at følge rytmen, på henholdsvis Hi hat og Lilletromme. Det hændte også at han satte sig ved det andet trommesæt, og spillede noget, som jeg så skulle følge. Somme tider lod vi en båndoptager optage det vi spillede, som jeg så kunne tage med hjem til min familie, så de kunne høre hvad jeg havde lært.

Han var en kanon god lærer, og var i øvrigt også selv blind, så han vidste præcis hvad det ville sige at være i min situation. Da jeg på et tidligt tidspunkt kom og sagde til ham, at jeg ville være solist når jeg blev stor, sagde han noget meget vigtigt der har fulgt mig siden. Nemlig at jeg først skulle lære, og så øve, og så være solist.

Ligesom nu, var jeg også dengang meget stædig, og havde mine egne meninger om hvordan tingene skulle være, og kunne derfor blive meget hidsig, når jeg blev irettesat. Når trommelæreren gav mig kritik, gjorde han det på en meget hård og barsk måde, som jeg ikke altid kunne klare. Dette gjorde at jeg stoppede med at gå til trommer. Han må åbenbart også have opgivet mig, for da jeg mange år senere, efter at være blevet ældre og mere moden, ville prøve igen og spurgte om han ville lære mig nogle tricks, fik jeg at vide i et meget surt tonefald, at jeg da bare kunne gå ud og købe et trommesæt og gå i gang.

Han kom dog et par dage senere og gav mig en undskyldning, hvorefter han sagde at det han egentligt havde ment, var at jeg jo havde mine egne ideer om hvordan tingene skulle være, og at han derfor mente at jeg ville få meget mere ud af at sidde og øve med mig selv. Denne lille episode, synes jeg siger en hel del om, hvilke gammeldags og konservative holdninger musiklæreren havde. For mens nogle af mine kammerater skulle gå til klaver, men ikke havde lyst, var der mig der gerne ville spille en eller anden form for musik, men som ingen gad undervise.

I årene efter, deltog jeg i forskellige mere eller mindre pjattede musikprojekter, med så specielle navne som "Harry and Haribo" og "Keyboard Brødrende", optrådte som solist, med navnet "Rock Hans", samt deltog i skolens kor, som jeg blev smidt ud af som trettenårig. Grunden til udsmidningen af koret var hverken disciplinære eller andre konflikter, men den simple grund at min stemme var gået i overgang.

Mit første seriøse orkester startede i efteråret 1998, som en trio med to af mine gamle barndomskammerater, nemlig Rikke og Heiri. Jeg havde arbejdet med sidstnævnte i mit gamle projekt, "Keyboard Brødrende". Efter nogle års pause havde vi fundet sammen igen, da vi alle tre nu boede på ungdomsafdelingen. En anden af skolens afdelinger var lukket og vores afdeling havde derfor fået deres gamle keyboard og deres gamle trommesæt. Det var så blevet stillet ned i vores kælder i håbet om at nogle gad spille på det. Det skulle så blive os. Egentlig startede vi bare for sjov, med at lege med de forskellige lyde på keyboardet og hamre løs på trommesættet, men snart begyndte vi at spille mere og mere seriøst.

Vi havde for år tilbage gået til kor sammen alle tre, og kunne stadig huske en god del af sangene, hvilket gik hen og blev en meget vigtig del af vores repertoire. Vi øvede som gale i et halvt år, og jeg tror at der var mange der var trætte af at høre på os. Vi havde desværre ikke så meget plads at boltre os på, så det var svært at være der med de forskellige instrumenter.

Der var for eksempel ikke noget stativ til min lilletromme, så vi havde store problemer med hvordan og hvor den skulle stå. Eksempelvis kan jeg huske en gang vi skulle øve, hvor Rikke og jeg havde fundet på forskellige kreative løsninger, for hvordan jeg bedst kunne nå den og hvor det var mest behageligt for mig at sidde og spille. Det eneste sted at der var plads til at den kunne stå, var i vindueskarmen. Det gjorde mig dog noget nervøs, da jeg var bange for at ruderne skulle smadre hvis jeg slog for hårdt på trommen, men der skete heldigvis ingenting.

Men det skulle heldigvis snart blive bedre, for en dag kom Heiri og præsenterede os for et nyt Roland keyboard, som han havde fået til sin fødselsdag. Det kunne alverdens forskellige lyde, og lød næsten lige så godt som hvis vi havde været et helt orkester på seks mand. Derfor havde han på rekordtid lavet nogle fuldstændig fantastiske arrangementer af vores numre, som for eksempel den gamle folkevise ”Langt oppe bag Norges kyster” i en heftig tangorytme. Så nu kom bandet til at lyde fuldstændig som jeg ville have det, nemlig som et orkester der spillede gamle danske sange i nye og eksperimenterende arrangementer, med stor inspiration fra Lars Lilholt Band, som jeg var ret vild med på det tidspunkt. Rikke var lige så fascineret at Heiris keyboard som jeg var og investerede derfor også i et magen til. Dette var en stor fordel, for så kunne vi øve ligegyldigt hvis værelse vi var på. Meget af personalet og de andre elever lyttede meget interesseret på os og syntes at vi blev bedre og bedre. Vi havde det fælles mål at vi gerne ville optræde, så hele skolen kunne høre os.

Da sommerferien nærmede sig, kom den traditionsrige skoleafslutning, hvor forskellige elever kunne optræde, med noget de nu havde lyst til. Her så vi en mulighed for komme til at spille, hvilket vi også fik lov til, men med den betingelse, at det kun varede fem minutter. Dette var ikke helt hvad vi havde tænkt os, da vi ville lave et show med tre-fire sange, plus en festlig præsentation af orkestret. Vi måtte derfor prøve at forkorte vores show, men indså snart at dette ikke lod sig gøre, da det på denne måde ville blive alt for stift og kedeligt. Det ville heller ikke kunne nås, da vi først skulle stille instrumenterne op. Derfor besluttede vi, at vi ikke ville spille alligevel, da vi tog det som et udtryk for at der ikke var den store interesse for vores musik, når nogle der ikke var nær så velforberedte, kunne få meget længere tid. Dette var der mange der blev enormt skuffede over, da jeg kort forinden havde fortalt vidt og bredt om hvor meget vi glædede os til at spille. En af pædagogerne mente i øvrigt, at når vi ikke havde tid til at stille instrumenter op, så kunne vi jo bare synge. Dette afslog vi dog, da vi syntes at trommer og keyboards var en vigtig del af vores musik.

Efter sommerferien fortsatte vi atter med at øve, og jeg fik en dag den geniale ide at vi skulle lave en aftenkoncert for dem som havde lyst til at komme og høre os. Dette syntes en af pædagogerne var en mægtig god ide, og hjalp os med at få det arrangeret og fik skrevet en rigtig god annonce i skolens meddelelsesblad. Da vi ikke havde numre nok til at fylde en time ud, syntes hun at der skulle ske noget andet. En pige ved navn Nanna Maria som var mægtig dygtig til at spille klaver, blev spurgt om hun havde lyst til at komme og spille, så vi startede koncerten og hun sluttede den af. Hun var i øvrigt også med mens vi øvede, så vi hver især kunne høre hvad hinanden kunne og hun fandt ud af at jeg var fan af Michael Learns To Rock. Derfor spillede vi deres store hit "Thats why you go away" til koncerten, og aftenen sluttede herefter af i festlig fællessang i Kim Larsens "Papirsklip".

Dette var en munter og festlig aften, som jeg stadig husker tilbage på med stor glæde. Vi lavede også en optagelse derfra, som jeg af og til stadig lytter til og på den kan man virkelig høre hvor gode publikum syntes at vi var. Det var på denne aften jeg tror det for alvor gik op for folk, at vi tre kunne noget sammen. Jeg havde til og med denne aften fungeret som både sanger og trommeslager, men da jeg fandt ud af hvor godt Rikkes og min stemme klingede sammen, valgte jeg at smide trommestikkerne, i hvert fald i det her orkester, og bruge mere energi på sangen. Det var jo heller ikke nødvendigt med en trommeslager længere, da vi havde det fantastiske keyboard, med alle de fede lyde. Med denne koncert havde vi fået opfyldt en af bandets ambitioner og jeg skulle så som orkestrets frontfigur tænke over hvad orkestrets næste mål skulle være, og med et stod det klart for mig at vi skulle spille på Sjællandsfestivalen i Slagelse. Dette er en festival hvor der selvfølgelig kommer store kendte danske navne, som for eksempel mine helte i Michael Learns To Rock, men hvor der også kommer mange bands fra skoler og institutioner.

Vores afdelingsleder havde på et tidspunkt arbejdet dernede, og hun ville gerne hjælpe os med at få opfyldt den drøm. Der skulle sendes et brev til ham der stod for det, plus et demobånd med nogle af vore sange, som vi straks gik i gang med at indspille. På dette tidspunkt havde orkestret endnu ikke fundet sig et navn, så vi brugte lang tid på at snakke om hvad det kunne være. Vi fik mange forslag fra personalet, eksempelvis "A Blind Date" da vi alle tre var blinde. Ingen af de navne faldt i min smag, da jeg synes at det var for amerikaniseret og for pop smart. I stedet havde jeg selv et meget bedre forslag, nemlig "De Glade Musikanter". Dette syntes vores leder ikke var nogen god ide, da musikanter er sådan nogle der spiller på harmonika og violin. Da de andre i orkestret spurgte mig hvorfor vi skulle hedde det, svarede jeg at vi jo var glade musikanter, der elskede at spille musik. I øvrigt syntes jeg at navnet var genialt, da vi på den måde kunne narre folk til at tro at vi bare var et latterligt dansktoporkester, som ikke rigtigt duede til noget, men når de hørte os ville de blive positivt overrasket. Der var mange der prøvede at tale mig fra det, men jeg var hverken til at hugge eller stikke i. Vi havde håbet på at vi hurtigt derefter ville få at vide om vi var købt eller solgt, men vi måtte vente mange måneder.

Så en dag havde jeg givet op og besluttet at forlade orkestret, da jeg syntes at nu havde vi opnået hvad vi kunne. Men pludselig en dag hvor jeg var på weekend hos min plejefamilie ringede telefonen og det var Rikke der glædestrålende kunne meddele mig, at vi skulle spille på Sjællandsfestivalen og om jeg ikke alligevel ville være med. Jeg sagde "jo" på stedet og følte nu at jeg var nået et lille skridt i retning af den stjernestatus, jeg altid havde drømt om. Så jeg gik og glædede mig som et lille barn til dagen endelig oprandt. Det var fuldstændig lige så fantastisk som jeg havde forestillet mig. Inden vi kom på festivalen, havde vi skrevet under på en kontrakt, og da jeg var fyldt atten kunne jeg jo selv skrive under og vores leder skrev under for Rikke og Heiri. Inden vi kom ind på scenen, indtog vi festivalens musikerrum og nød en Cola til at styrke os på. Vi skulle spille torsdag formiddag som det første navn på plakaten, og jeg kan huske at selveste Mek Pek introducerede os, og jeg kan stadig fornemme suset i maven, da han kom frem og sagde, at vi skulle starte dagen i dag med De Glade Musikanter fra Refsnæsskolen i Kalundborg. Jeg husker koncerten som en rigtig fed oplevelse, hvor vi alle tre var i topform og jeg nød at være stjerne for en formiddag. Vi fik i øvrigt 500 kroner til deling for koncerten som vi besluttede at bruge på at få indspillet en cd. Dette blev desværre ikke til noget, da skoleåret snart var slut og vi skulle videre i hver vores retning.

Når jeg husker tilbage på tiden i det orkester i dag, synes jeg at det fungerede enormt godt og vi fik vist at man sagtens kan klare sig uden at have pædagoger og lærere til at hjælpe, som alligevel bare skal bestemme det hele. Især Rikkes og mit samarbejde var helt fantastisk og vi var gode til at give hinanden den støtte og opbakning vi hver især havde brug for. I hvert fald opfatter jeg det som et af de vigtigste orkestre i mit musikalske virke.

Efter tiden på Refsnæsskolen, gik turen til Instituttet for Blinde og Svagtseende i Hellerup. Jeg gik på Synshøjskolen, med ti andre jævnaldrende blinde. Dette var noget jeg glædede mig vanvittigt meget til, da jeg havde hørt fra andre at dette lige var stedet hvis man ville dygtiggøre sig i en bestemt retning. Jeg havde et års tid forinden undersøgt muligheden for at starte på deres lydstudieuddannelse, men havde fået afslag, grundet mit fysiske handicap, og fordi jeg ikke var i stand til at læse punktskrift, og jeg havde ydermere ikke de nødvendige eksamener. Disse forhold ville give mig problemer, da man jo som lydtekniker blandt andet skal kunne tage rundt og arbejde i forskellige studier. Så derfor ville jeg ikke være egnet til uddannelsen og det senere arbejde.

Dette gjorde mig meget deprimeret, da jeg i mange år havde drømt om at kunne gøre karriere indenfor dette område, men jeg fik trods alt adgang til Instituttet. Ved et par introdage inden kursets start, var vi blevet introduceret for stedets topprofessionelle studie, som var velegnet til CD-indspilning. Den undervisning jeg var gladest for på kurset, var forståeligt nok musikken. Jeg gik til eneundervisning hos Lille Lars, noget jeg var utroligt glad for, da det var her, jeg virkeligt kunne lære at synge. Jeg havde foruden det, samspil med to af de andre elever fra holdet, nemlig Kasper på bas og Martin på trommer.

Samspilsgruppen var jeg var knap så glad for, da de ikke kunne lide de numre jeg foreslog, og jeg havde for svært ved at synge de numre som de foreslog. Alligevel endte vi dog med at få lavet noget, der var ret godt, blandt andet to numre til det teaterstykke vi skulle opføre senere på året.

Sidst på året fik jeg endelig opfyldt min gamle drøm om at indspille en CD, noget vi brugte en enkelt aften på, og som vi havde det kanon sjovt med. Vi valgte tre numre ud, som vi ville indspille, nemlig et rap nummer, kaldet "Arno og Kylling", plus DAD´s gamle nummer "It´s after dark" og til sidst en syret blues som vi også havde brugt i teaterstykket. To af numrene havde jeg forfattet teksten til. Under indspilningen af denne CD, blev jeg introduceret for en mand ved navn Jarle Jellestad, som var tilknyttet studiet som tekniker. En flink og festlig mand som jeg senere skulle få et godt og kreativt samarbejde med.

Cd'en blev faktisk rigtig god, selvom nogle mente at jeg sang ret grimt. Det var i hvert fald fedt at få opfyldt den drøm. Selvom Lars var utroligt flink, synes jeg ikke at han var den bedste lærer, for når vi kom med forslag, var han ikke så åben. Da vi på et tidspunkt manglede en til at spille rigtige trommer (i stedet for de elektriske), foreslog jeg ham at det kunne jeg da bare gøre, men der blev jeg spist af med, at det havde vi jo ikke øvet. Med hensyn til min sangundervisning, brugte han meget tid på at fortælle mig at jeg skulle synge med maven, men han var ikke så god til at forklare, hvad han mente med det. Bortset fra det synes jeg, at det havde været utroligt sjovt at komme hjem til familien og spille det færdige produkt.

Efter sommerferien drog jeg til Egmonthøjskolen i Hov, hvor der var en masse forskellige linjer man kunne vælge, og I gættede rigtigt – jeg valgte musikken. Linjeundervisningen foregik tre gange om ugen, startende med mandag eftermiddag, hvor vi havde teori og musikforståelse, hvilket jeg syntes var enormt kedeligt, da jeg jo hellere ville ned og spille. Tirsdagen startede med lidt mere teori og sluttede af med eneundervisning i et instrument vi selv havde valgt. Om onsdagen var det så dagen med samspil. I eneundervisningen gik jeg til trommer, hvilket jeg var rigtig glad for, da jeg havde en virkelig god lærer, som syntes at jeg klarede det ret godt. Enkelte gange kom jeg også til at spille trommer når vi havde samspil og jeg fik meget ros af de andre elever på holdet. Jeg kan blandt andet huske at jeg spillede trommer i Savage Rose nummeret "Black Angel" og congas i Lisa Ekdal nummeret "Hvem vet?". Men en af de største oplevelser, var dog i forbindelse med min sang. En af pigerne på holdet, som jeg syntes sang rigtig godt, ville jeg gerne synge en duet med, nemlig Karen Busck og Erann DD's "Hjertet ser". Det syntes hun var en mægtig god ide, så det gjorde vi, og det blev kanon godt. Så godt at vi spillede det to gange, ved et senere arrangement på skolen.

Efter efterårsferien var der gammel elevfest på skolen. Her skulle der laves et stort og festligt show, hvor musiklinjen også skulle optræde. De fleste af pigerne på holdet var ret glade for musicals, så det blev derfor besluttet, at vi skulle synge "Aquarius" og "Let The Sun Shine" fra Hair. Så pigerne og nogle af drengene, heriblandt mig selv, udgjorde det store kor, mens resten spillede til. Dette blev en fantastisk succes, og alle klappede af os. Dog var jeg ked af ikke at være solist, da jeg havde svært ved at lære min korstemme. Heldigvis var der en af de andre piger på holdet, som havde absolut gehør og blev ved med at terpe den med mig, indtil at jeg kunne.

Problemerne med at lære korstemmer skulle forfølge mig senere, da jeg ofte blev sat til det. Noget tid efter elevstævnet, havde lærerne fået, syntes jeg, en forfærdelig ide. Vi skulle have et salsa tema, hvor vi først skulle have undervisning af en lærer udefra i hvordan vi skulle spille på de forskellige instrumenter, og vi skulle lytte til en masse musik, hvorefter vi selv skulle spille et nummer. Grunden til at jeg syntes at det var forfærdeligt, var at jeg blev sat til at spille claves, hvor jeg skulle holde rytmen og spille en fast figur, hvilket var noget jeg bestemt ikke kunne finde ud af. Så efter at der konstant var blevet sagt, at jeg spillede forkert, smed jeg dem i raseri, hvorefter jeg råbte at jeg kraftedeme ikke kunne finde ud af det lort.

Efter et stykke tid blev jeg dog opmuntret til at spille videre, da de fleste syntes at jeg var ret god. Vi skulle på holdet indspille en CD med to numre. Det ene var "Let The Sun Shine" som vi havde været ovre i København i et af Danmarks bedste studier, ved navn Fokus Record og indspille, da der var en af de andre elever der engang havde arbejdet der. Det andet var, det famøse salsa nummer. Dette er dog ikke det mest fantastiske jeg har lavet, sådan rent lydmæssigt, men sjovt at høre på, da det minder mig om en masse gode oplevelser.

Den CD vi lavede året efter er derimod langt bedre. Herpå er der nemlig fem numre hvor jeg synger på de fleste af dem, hvor to af dem i øvrigt er duetter. Vi lavede også en utrolig morsom musikvideo til Danseorkestrets "Kom tilbage til mig". Cd'en blev rigtigt god, og selvom jeg først fik den et års tid efter at vi indspillede den, så var den værd at vente på.

Efter afsluttet ophold på Egmont, flyttede jeg hjem til min plejefamilie, da der ikke var noget andet sted jeg kunne være. Af undervisning fik jeg to dage om ugen på Blindeinstituttet, med eneundervisning i musik og lyd. Det var på dette tidspunkt at jeg så småt begyndte at skrive mine egne sange. Dette blev til min første solo CD, med fem af mine egne sange, plus et Tom Waits nummer. Det var en rigtig fed oplevelse at lave Cd'en, da jeg havde en lærer ved navn Inger, som kunne spille de fleste instrumenter, blandt andet blokfløjte. En kammerat ved navn Jesper, fra tiden på Synshøjskolen, medvirkede på trommer i min hip hop version af "Tre små kinesere", hvor også Lille Lars hjalp til på bas og Jarle var producer. Så det meste af det gode gamle hold, plus min nye lærer Inger, medvirkede på pladen. Det bedste af det hele var dog, at jeg selv kunne få lov at bestemme hvordan det hele skulle være. Cd'en blev en stor succes, og blev kopieret i mange eksemplarer, så det var fedt at have lavet noget, som folk kunne lide og som man selv var glad for.

I efteråret 2003 startede jeg på musik igen, og ville lave en ny CD. Jeg synes denne gang at det var sværere at få gode idéer, men de kom dog stille og roligt. I Allerød hvor jeg kommer fra, har vi et steelband som spiller på olietønder. De spillede til Allerød By Night og det var jeg oppe og høre. Det blev jeg så inspireret af, at jeg fik lyst til at skrive et nummer i denne stil. Det blev til Calypso nummeret "Min Solskinsø", som jeg synes blev utroligt godt. Inger og Jarle var dog ikke specielt begejstrede, da de ikke kunne lide den slags musik. Alligevel fik jeg dem overtalt, og det blev en fantastisk produktion, hvor man i øvrigt hører mig på Claves, samt sang og selvfølgelig Inger på steel drums. Et andet af Cd'ens numre var "Reserve Jesus", et storladent nummer, udelukkende med strygere, inspireret af den oplevelse jeg havde i Planetariet, hvor den vanvittige mand fortalte mig, at Gud kunne helbrede mig. Men to af Cd'ens bedste numre er dog en sang skrevet til min kone Cindie, samt en hyldestsang til Michael Learns To Rock. Cd'en indeholder også et instrumentalnummer kaldet "Fabrikken", inspireret af en opgave Inger gav mig om at skrive et stykke musik, til en TV-serie. Selv synes jeg at det er noget af det bedste jeg indtil videre har lavet.

Et par år efter kom jeg med i et orkester ved navn "De Spillende Muldvarper" på musikværkstedet på Bredegaard, hvor vi var ni blinde, samt en sammenspilsleder. Dette var mægtig sjovt. De havde indtil da kun spillet kopinumre, men ville dog også en gang med tiden begynde at skrive numre selv og der kunne jeg være en stor hjælp. Jeg startede i Muldvarperne i foråret 2006. På dette tidspunkt var de ved at lægge sidste hånd på en CD med børnesange, som snart skulle udsendes. Det var tanken, at vi skulle rundt til forskellige børnehaver og skoler for at spille. Det første job jeg var med på, var i Bredegaards egen spisesal, hvor Cd'en skulle præsenteres. De havde inviteret børn fra forskellige børnehaver og børnehaveklasser i Fredensborg. De havde indspillet forskellige børnesange som "Se den lille kattekilling" og "Jeg er så glad for min cykel" og der blev også spillet numre fra Shu-bi-dua og Kim Larsen. Idéen med projektet var, at vise børnene, at selv om man har et handicap, så har man stadigvæk noget at byde på. Dette så ud til at lykkedes meget godt. Efter koncerten, blev der mulighed for at hilse på os og stille os spørgsmål om, hvad det vil sige at være blind. Dette blev en hyggelig dag og både børnene og deres medbragte pædagoger nød koncerten, så man må sige at det var en god debut for mig i bandet.

Vores næste job var på Fredensborg Kræmmermarked, her havde de andre fået ørerne op for at jeg kunne synge. Så hvor nogen af de andre, som ikke rigtig kunne synge solo fik lidt hjælp fra læreren, fik jeg lov at synge tre sange helt alene, to af Kim Larsen og én af Shu-bi-dua. Jeg fik mange rosende klapsalver og alle var enige om, at jeg passede perfekt ind i bandet.

Foruden de nævnte jobs bestod vores børnetour af et job på Fredensborg Skole og et job på Emdrup Skole, samt på SAC Nord Festival i Helsingør. Alle koncerterne gik nogenlunde lige godt. Derimod husker jeg en anden koncert, der var lidt af en skuffelse. Der skulle afholdes en auktion i Emdruphallen, som nærmest er nabo til Bredegaard. Vi var blevet spurgt om vi ikke ville komme og spille i pausen. Da vi lige havde fået nyt lydudstyr, som vi ikke kendte så godt endnu, skete der en del svigt, og der kom en masse hyl og hvin ud af højtaleren. Hvad vi ikke havde fået at vide var, at vi kun lige skulle spille i pausen, derfor kunne vi kun nå 3-4 numre, og da lyden endelig begyndte at virke bare nogenlunde, var koncerten slut. Dette var vi nogen, der var lidt sure over og vi blev ret hurtige enige om, at vi nok ikke ville sige ja til sådan et job en anden gang, da vi desuden havde sat en hel søndag af til det. Jeg tror roligt jeg kan sige, at det er det mest elendige job Muldvarperne har spillet, i hvert fald i den tid jeg har været med.

Efter jul begyndte vi at forberede vores næste CD, Muldvarpernes femte og tilmed den første jeg var med på! Her var det tanken, at vi skulle begynde så småt at skrive et eller flere af vores egne numre. Der var en overgang en blind pige der var i praktik hos os i Muldvarperne, hun havde hjulpet til ved nogen af vores koncerter på børnetouren. Hun skrev også ind imellem nogle tekster selv og en dag kom hun med en, hun havde skrevet, som hed "Vi kan selv" og den faldt vores lærer Lars pladask for og syntes at vi skulle sætte musik til og tage den med på vores CD. Jeg var ikke så begejstret for den, jeg kan stadig huske at nogen af linjerne lød sådan her: "Vi kan selv, hvis I gir os lov, vær ikke betænksom, vær ikke flov, for vi er selvstændige folk, ja vi er, så her er en opsang til Jer."

Hvis jeg skal være helt ærlig, synes jeg, at det var noget være lort, nå ja bevares Lars havde lavet en fed melodi til, men det ændrede ikke ved at teksten var elendig. Han havde desuden forestillet sig, at jeg skulle synge den, men det nægtede jeg. En af mine kammerater gav mig ret i at den var dårlig, så til Lars' store fortrydelse, kom den ikke med.

I en periode havde jeg efter vores musiktimer fået lov til at sidde alene i musiklokalet og komponere, og en dag satte vi noget optageudstyr til at køre, så vi kunne gemme de melodier jeg lavede. En dag hvor jeg havde fået lavet rigtig mange, lod jeg Lars lytte dem igennem og der var især en han faldt for, en lidt "middelalderagtig" sang. Den spillede han for min kammerat Joakim, som også syntes at den var rigtig god. Så vi besluttede os for at bruge den, så jeg skyndte mig at få lavet en tekst til. Det blev til sangen "Fuglen" som ind til videre er det første nummer som vi selv har lavet i bandet. Det blev også til et utroligt stemningsfuldt nummer, man hører først lidt guitar og en stor dyb tromme og efter et break begynder jeg at synge og i omkvædet sætter resten af orkesteret ind. Selvom det var svært at holde styr på formen i nummeret, var vi meget glade for at spille det og det fungerede også godt live, så det kom selvfølgelig også med på vores cd. Foruden den indeholder cd'en to sange af Kim Larsen, en af Monrad Og Rislund og en af Bamses venner. Udover sang medvirker jeg på lilletromme samt kor. Da vi skulle præsentere cd'en blev alle på Bredegård traditionen tro, inviteret over i spisesalen til kaffe, samt gennemlytning af pladen. Alle var meget tilfredse med det færdige resultat og jeg fik meget ros for sangen "Fuglen", som jeg som nævnt selv har skrevet.

Den sommer havde vi to spillejobs, det ene var på Sølund festivalen – som er en festival for udviklingshæmmede, hvor der både kommer bands fra institutionerne, samt mange store professionelle navne. De andre i bandet havde spillet der et par gange før, men for mig var det første gang. Dette var en utrolig stor oplevelse, man blev nærmest behandlet som de store professionelle bands bliver. Man får bl.a. adgang til backstage rummet hvor man inden koncerten kan nyde wienerbrød, cola og meget andet godt.

Ved denne koncert var det egentligt ikke meningen at vi skulle spille nogle af vores nye numre, da det havde været meget presset med indspilningerne, men jeg havde insisteret på at min egen sang "Fuglen", den skulle vi altså spille og det kom vi heldigvis også til. Dette viste sig at være en rigtig god ide, da folk også der var ret vilde med den. Ellers spillede vi flere af de numre vi plejede fra tidligere plader, bl.a. "Hawaii", "kald det kærlighed" og "vuffeli vov" samt en fed rock & roll udgave af John Mogensens "To mennesker på en strand". I det hele taget var turen til festivalen rigtig god, specielt pga. vores gode kammeratskab.

Vores næste job var på et fritidshjem som lå lige ved siden af Bredegård. De havde et arrangement de kaldte "Scenen er din" hvor de forskellige børn skulle optræde, og ligesom i det rigtige program konkurrere om en førstepræmie. Som en festlig start ville de gerne have os til at komme og spille, hvilket vi selvfølgelig sagde ja til. På trods af at vi manglede den ene af lærerne, samt en af de andre i bandet, lykkedes det os at gennemføre koncerten, som børnene syntes var rigtig fed.

Efter sommerferien gik vi i gang med vores næste projekt. Flere af os i bandet, inklusiv mig selv, havde et dybtfølt ønske om at lave en juleplade, med vores fortolkninger af de gode kendte julesange. Dette var Lars dog ikke meget for, da han nærmest væmmedes ved tanken om at skulle sidde og spille "Bjælleklang" i 30 graders varme, da det jo tager det meste af et år at lave sådan en plade. Han indvilgede dog alligevel i det og stillede den betingelse at vi ikke bare skulle springe fra midt i projektet, fordi vi ikke kunne holde det ud. Til Lars' store overraskelse gik vi alle sammen ind i projektet med liv og sjæl og han blev faktisk også selv ret vild med det. Så da vi alligevel var i gang med indspilningerne af julepladen, foreslog Lars at vi på Sølund, skulle tage nissehuer på og spille julesange midt i juni, da han mente at det var dem vi kunne bedst lige nu. Dette syntes vi trods alt var lige voldsomt nok, da vi ikke ville stille os op og gøre os selv til grin på den måde.

Til julepladen skulle vi først vælge hvilke sange vi skulle spille. Vi lavede en liste og skulle så finde ud af, om de kunne fungere for os. Da de andre på Bredegaard havde hørt rygter om, hvad vi var gået i gang med, spurgte de om vi ikke kunne spille til Bredegaards julefrokost. Så det gjorde vi så. I januar

2008, gik vi i gang med indspilningerne og arbejdede det meste af året. Vi gjorde det lidt anderledes end vi tidligere har gjort. Hvor vi tidligere har lagt guitar og sang på som noget af det første, valgte vi denne gang at indspille alle instrumenterne først. For så til sidst at lægge alle sangstemmerne på, da vores anden lærer Søren mente, at man synger bedre hvis man kan høre hele orkesteret i sine høretelefoner. Og det viste sig at give et utroligt flot resultat.

Jeg var lidt nervøs for, om vi nåede at blive færdige til tiden, da vi havde lidt travlt til sidst. For en juleplade skal jo være klar til jul. Heldigvis nåede vi det. Den udkom 3. december og blev samme dag præsenteret ved 2 store koncerter i Bredegaards spisestue. Ligesom vi havde gjort tidligere, inviterede vi også denne gang børn fra 2 skoler i Fredensborg til at høre det og de var meget begejstrede. Ved de koncerter gjorde vi det på en lidt anden måde end vi plejer, hvor det tidligere har været Lars, der har stået for præsentationen af bandet og sangene, var det her mig, der gjorde det. Noget jeg i øvrigt fik meget ros for. I det hele taget er Lars, på denne cd, trådt meget i baggrunden. Hvor det tidligere var ham der sang, mens de andre brummede lidt med i baggrunden, spiller han stort set nu kun guitar og stortromme, så det er jo rigtigt godt. I det hele taget kan man høre hvor meget vi alle sammen har udviklet os på denne cd.

Som nævnt indeholder cd'en vores fortolkninger af sange som "På loftet sidder nissen", "Højt fra træets grønne top", "Til julebal i nisseland", "Jingleklang" (Bjældeklang med et enkelt vers på engelsk). Numrene er lavet i forskellige stilarter, som f.eks. Swing, Calypso og Reggae. Desuden er der også en selvkomponeret julesang, rocknummeret "Så er det jul igen". Den har jeg selv skrevet musikken til og teksten har vi skrevet i fællesskab. Jeg synger med på 5 af sangene, samt spiller på lilletromme og claves. Shu-bi-dua nummeret "Den himmelblå", synger jeg i duet med Dennis. Jeg medvirker på kor på 2 af sangene, henholdsvis "Jingleklang" og "For længst engang i Betlehem". Jeg har også rollen som den hidsige nissefar i "På loftet sidder nissen" og selvfølgelig synger jeg solo på vores egen "Så er det jul igen". Denne sang gik for resten hen og blev lidt af et hit, da Joakim som spillede med i bandet, arbejdede på Radio 10, som sender til det meste af Nordsjælland. Han præsenterede sangen for dem og de blev meget begejstrede, så den kom i fast rotation og blev spillet hver jul de næste mange år. Cd'en er blevet så julet at man ligefrem kan lugte brunkagerne, når man lytter til den og den indeholder også masser af bjældeklang.

Inden vi udsendte den, var jeg lidt nervøs. Det kan jo nogle gange godt være lidt farligt at pille ved den danske sangskat. Så jeg var meget spændt på om folk kunne lide vores versioner. Det kunne de tilsyneladende, der er dog nogen der syntes, at "Højt fra træets grønne top" går lidt for langsomt, efter deres smag. Alligevel er cd'en blevet Muldvarpernes største succes til dato og Jul med De spillende muldvarper, har nu solgt i mere end 50 eksemplarer – og sælger fortsat strygende. Så alle er enige om, at det er det bedste vi har lavet til dato. Lars er blevet så glad for projektet, så det er nu en tradition at spille julekoncert for børn hvert år. Så man må sige at sliddet var det hele værd og det var jo en god julegave at kunne give sig selv.

Vi spoler lige tiden tilbage Sølundsfestivallen det år, hvor vi jo skulle spille. Ikke på den store scene, men på teltscenen, så det tegnede til at blive en endnu bedre koncert end sidst. Det var bl.a. fordi at det lå senere på dagen, så der ville være flere folk til at kigge på, men også fordi at vi i årets løb var blevet et mere sammenspillet band. Så der var store forventninger til os. Desværre skete der en del ting som gjorde, at det alligevel ikke gik helt som det skulle. For det første blev jeg syg inden festivalen og havde det enormt dårligt da vi skulle på, men til alles overraskelse gennemførte jeg koncerten alligevel. Foruden det, var lydmændene på festivalen nærmest ikke forberedt på, at vi var så mange og at vi derfor skulle bruge en masse ekstra mikrofoner. Derfor kom vi alt for sent i gang og nåede kun at spille halvdelen, af de numre vi havde planlagt. Alle der skulle synge, kom dog til at synge – så det var jo godt nok. Konferencieren havde også nogle problemer med geografi og bynavne og da vi var færdige med at spille, sagde han at vi kom fra Frederiksborg og ikke fra Fredensborg. Så i det hele taget var det ret mislykket, men ser man bort fra det, var det en rigtig god tur, lige bortset fra at "Alphabeat" alligevel ikke kom, så vi i stedet skulle tvangsindlægges til "Gnags" og "Lars Hug" – ØV ØV ØV.

Året efter den mislykkede Sølundtur ventede en ny udfordring for Muldvarperne. Lars havde hørt, at der hvert år blev afholdt Melodi Grand Prix for handicappede. Et af kravene er, at man skal skrive sit eget nummer, som man ikke må spille for andre inden da. Så det var jo lige en udfordring for mig, og jeg gik straks i gang med at komponere en melodi. Det blev til sangen "Forår", som vi skrev teksten til i fællesskab. Jeg kan huske at vi skrev den en tirsdag formiddag, hvor forårssolen bankede ind ad vinduerne. Selvom de andre ikke normalt plejer at bidrage med idéer til tekster, blev de alle voldsomt inspirerede af min komposition, så i løbet af ingen tid, havde vi hurtigt skrevet den tekst. Jeg var dog lidt i tvivl om hvor vidt jeg skulle synge den, da jeg rent sangmæssigt ikke syntes, den passede så godt til min stemme. Jeg fik dog leveret et smukt og følsomt resultat, som nok også var medvirkende til, at sangen kom gennem nåleøjet. Det var dog ikke noget oplagt grand prix-nummer, men vi valgte dog at sende den ind alligevel. Rent tekstmæssigt er det en meget stærk lyrisk tekst, som jeg sagtens tror ville kunne få plads i Højskolesangbogen. Da handicap grandprixet ligger sidst i oktober, er det selvfølgelig lidt spøjst at stille op med en forårssang, men vores, og ikke mindst mit, argument er, at så kan folk jo gå og glæde sig til forår når de hører den.

Desværre kom det ikke til at lyde helt så godt live som på pladen, da der var enormt dårlig lyd på scenen, hvilket gjorde at jeg bl.a. ikke kunne høre Lars' guitar, hvilket resulterede i, at jeg sang pivfalskt. Om det har haft nogen indflydelse på resultatet ved jeg ikke, men i hvert fald blev vi ikke placeret blandt de 3 bedste. Ved handicap grandprixet har de et lidt underligt pointsystem som gør, at alle dem, der ikke havner i finalen, ender på en delt fjerdeplads, og så ved man jo reelt ikke hvad for en placering man har fået. En fjerdeplads er jo ellers meget flot, men ikke når man deler den med en seks-syv andre.

Bortset fra det, var det nu et meget festligt arrangement. Det blev åbnet af selveste Jørgen de Mylius, som jo også altid har været et af mine store forbilleder pga. hans fantastiske stemme og hans gode evne som musikformidler. Først troede jeg, at det var en, der bare skulle lave grin med ham, men da jeg opdagede, at det rent faktisk var ham, blev jeg ellevild. Selvom det var et grand prix for handicappede, foregår det ligeså professionelt som det almindelige med en fag-jury til at vurdere de enkelte sange. De store vindere blev brorbandet "Pop og co.", hvilket betød at arrangementet rykkede til Jylland året efter. Det år vi var med, foregik det i Antvorskovhallen i Slagelse.

Jeg husker også en anden specielt sjov oplevelse fra denne dag: Danmarks Radio var der for at dække arrangementet. Jeg husker især, at deres udsendte, Kurt Baagø, kom til at kalde os for "De flyvende muldvarper" i stedet for "De spillende". Da vi af gode grunde ikke kunne høre programmet, da det blev sendt, havde vi fået tilsendt optagelsen, som vi sad og hørte den efterfølgende tirsdag, og da vi nåede til hans sproglige fadæse, var vi alle sammen ved at knække sammen af grin. Men alt i alt var det en fed oplevelse.

Året efter skulle vi igen spille på Sølund festivalen. Denne gang skulle vi spille i Nelles telt, et lidt ærgerligt tidspunkt, da vi skulle spille allerede kl. 10 om formiddagen. Vi skulle spille om torsdagen, og den dag blev det et forfærdeligt regnvejr. Men der er jo ikke noget der er så skidt, at det ikke er godt for noget. Vejret var nemlig skyld i at teltet blev propfyldt, og derfor havde vi masser af publikum på, da de jo gerne ville i tørvejr. Vi havde denne gang valgt at lægge ud med grand prix-sangen fra året før, "Forår", hvilket var lidt specielt for mig som sanger, når det stod ned i stænger, men i det store hele gik koncerten godt, men det var uudholdeligt at være der, når det regnede så meget. Desværre havde man af sparehensyn valgt, at vi ikke skulle være på festivalen i alle 3 dage, men kun den dag vi spillede, hvilket ville sige, at vi tog derover om onsdagen, skulle spille om torsdagen, og tage hjem om fredagen, hvilket jo betød at vi kun fik én dag på festivalen, men alligevel skulle vi sætte 3 dage af til det. Derfor har jeg lige siden selv købt min billet, så jeg kan være der alle 3 dage.

Året efter, i 2011, skulle vi lave en ny CD. Der besluttede vi, at vi ville indspille en CD med kendte danske grand prix-klassikere, og evt. selv skrive et rigtigt grand prix-nummer. Det blev der dog desværre ikke tid til. I stedet blev det til en CD med numre som "Krøller eller ej" og "Disco Tango". Dennis som hidtil havde spillet keyboard og sunget, havde besluttet at forlade bandet. Dette var vi meget kede af, og vi brugte lang tid på at diskutere, hvordan vi kunne få ham med igen. Da han er ret vild med Rasmus Seebach, besluttede vi, at vi ville spille sangen "Den jeg er". På den måde lykkedes det os at få ham med igen. Det blev desuden den eneste sang på vores CD, som ikke var en decideret grand prix-sang. Men da Rasmus havde skrevet den til sin berømte far, syntes vi, at den passede godt ind alligevel. Dennis synger den i øvrigt så godt, at da vi et års tid efter spillede på Sølund, var der mange der troede, at det var Rasmus der sang. På denne CD synger jeg for på to af sangene. Ulla fra bandet ville gerne synge "Krøller eller ej", og der skulle selvfølgelig bruges en herrestemme, så det tog jeg mig af. Selv havde jeg valgt en af de nyere grand prix-sange, "Sig det er løgn" af Thomas Thordarson, som i 2004 vandt det danske grand prix. CD'en indeholder også et samarbejde med et norsk dagtilbud, som hvert år skiftevis kommer på besøg på Bredegaard, og Bredegaard besøger også dem i Norge. Da der er et af medlemmerne i vores band, som har en stor tilknytning til Norge, ville han gerne synge Norges internationale vinder fra 1986 "Lad det svinge", og da det norske dagtilbud alligevel var på besøg på Bredegaard, fik vi den idé, at de også skulle synge med på nummeret, og det var de friske nordmænd naturligvis med på, så de indsang den i første hug.

Selvom denne CD blev noget senere færdig end forventet, nåede den alligevel at blive klar til vores Sølund-tur, hvor vi dette år skulle spille på den store scene onsdag eftermiddag lige før Kandis, og da der jo altid er et stort publikum til deres koncerter på denne festival, var der derfor mange der også hørte os, når de alligevel stod og ventede. Dette gjorde, at det var en af de bedste koncerter, som Muldvarperne spillede i den tid, jeg var med. Jeg stoppede nemlig på Bredegaard året efter. Jeg var ellers så glad for at være med i det band, at jeg var sikker på det var det, jeg skulle lave resten af livet.

I sommeren 2011 skete der dog noget, der fik mig til at ændre den beslutning: En dag blev jeg ringet op af min hjemkommune, som ikke kunne forstå, hvorfor jeg kun var der en gang om ugen, selvom de betalte for to. Jeg forklarede, at det skyldes mit handicap, som gjorde, at jeg ikke var i stand til at deltage, og i øvrigt heller ikke havde lyst til at deltage i andre aktiviteter end musikken. De forlangte, jeg skulle være der i to dage, ellers ville de ikke længere betale for tilbuddet, og da jeg på det tidspunkt stadig gerne ville være med, sagde jeg ja til det, men lige da det var gået i orden, fik jeg den kedelige meddelelse, at vores lydtekniker Søren havde valgt at stoppe; en ting der betød, at kvaliteten af tilbuddet blev forringet, da vi nu ikke længere kunne indspille CD'er og heller ikke spille lige så mange koncerter. Søren har også en fantastisk evne til at spille efter gehør, mens vores anden lærer, Lars, er nødt til at spille efter noder. Dette gjorde, at jeg kom til at kede mig rigtigt meget, fordi vi kun spillede de samme sange hele tiden.

Dette gjorde at jeg stoppede året efter, men da jeg to år forinden endelig havde fået min hjælperordning, havde jeg jo pludselig en masse andre muligheder. Jeg havde i stedet valgt at søge ind på TV Glad, hvor jeg skulle starte i juni måned. Vi havde dog kort forinden fået spillejob på Sølund Festivalen endnu engang, og da jeg alligevel skulle derover, lovede jeg at komme og spille med en sidste gang, for ligesom at sige farvel og tak på en værdig måde. Jeg havde været glad for at være med, men efter de seks år kunne jeg mærke, at nu skulle jeg videre. Mens jeg var deroppe, havde jeg ellers nået at sætte en masse ting i gang. Blandt andet havde jeg været meget involveret i fejringen af Muldvarpernes 10-års jubilæum i efteråret 2011, idet jeg var med til at arrangere en stor koncert. På et tidspunkt ville Lars gerne starte en hjemmeside for handicapbands, og for at få stablet det på benene, skulle der nedsættes en bestyrelse, hvori der bl.a. skulle være en repræsentant for bandet, så det tog jeg mig også af, så jeg tror de har haft stor gavn af mig.

Jeg havde ikke kendt min nuværende kone Cindie ret længe før jeg opdagede, at hun havde talent for at synge. Derfor opfordrede jeg hende utallige gange til, at vi skulle lave musik sammen, men det afviste hun blankt indtil efteråret 2009, hvor vi i første omgang begyndte at gå til kor sammen. Dette var igennem det førnævnte aftentilbud SUKA, som er et tilbud for voksne handicappede i Københavns Kommune. Koret hed Lærkekoret, fordi det foregik på Lærkevej på Nørrebro, og vi øvede hver mandag aften i to en halv time, og det mundede ud i, at vi skulle give en forårskoncert og en julekoncert. I starten var Cindie noget tilbageholdende og genert, men efterhånden begyndte hun langsomt at krybe ud af sin skal.

Året efter fortsatte vi til kor samtidig med at vi begyndte at gå til solotimer i sang sammen. Det gjorde vi så i fem år, hvor vi indspillede fire CD'er, som vi stadig er meget stolte over. Vores lærer havde desuden haft en mangeårig drøm om at oprette et sangskrivningshold, og det fik jeg også overtalt Cindie til at melde sig på sammen med mig. På det hold var vi fire, hvoraf Cindie og jeg var nogle af de mere velfungerende, og på det indspillede vi tre CD'er med vores eget materiale. På et tidspunkt syntes vores lærer at det var en god idé at dele os op, sådan at der var to på det ene hold og to på det andet hold.

Det resulterede i, at den sidste af vores CD'er blev en tredobbelt CD med Cindies og mine numre på den ene CD og de andres numre på de to andre CD'er. Her viste det sig, at Cindie havde et helt særligt talent for at skrive tekster, så hun tog sig af de mere alvorlige og filosofiske tekster, mens jeg tog mig af de lidt mere spøjse tekster. Jeg komponerede desuden de fleste af vores melodier sammen med vores lærer.

Efter det sidste skoleår skulle hun desværre videre, så derfor var der ikke mere undervisning til os, og vi syntes ikke, vi havde lyst til at starte op med en ny. Men hun var en fantastisk lærer, og på vores solosangs-CD'er indspillede vi sange af både Dolly Parton og Bamses Venner. Hun er desuden vant til, at det ikke er alle elever på hendes hold, som kan engelsk, og derfor har hun udviklet et særligt talent for at oversætte tekster, hvilket vi gjorde brug af flere gange.

Noget tid efter vi var stoppet foreslog Cindie, at vi skulle lave en duo, hvor vi optrådte med de sange vi selv havde lavet, samt de sange vi havde sunget til solosang, som vi holdt mest af. Jeg må indrømme, jeg var ved at tabe både næse og mund, for det havde jeg jo spurgt om i årevis, og så pludselig foreslår hun det selv, så jeg sagde selvfølgelig ja på stedet. Vi kaldte vores duo for The Handies. Der var mange der tror, at vi kaldte os det, fordi vi er handicappede, og derfor sagde de tit "jamen selvfølgelig", når de hørte navnet, men det var ikke sådan det forholdt sig. Navnet opstod, fordi vores lærer Susanne skulle sige en sætning, hvor begge vores navne indgik, så midt i en time siger hun lige pludselig "så er det handie". Vi var så færdige af grin, at vi nærmest ikke kunne lave mere den dag, så da vi skulle lave vores duo, besluttede vi, at det skulle være navnet. Der var også mange der troede, at det var en kopi af Kandis, men vores musik havde lidt bedre kvaliteter. Da vi primært gjorde det, fordi vi godt kunne lide det, optrådte vi gratis, men ville dog gerne have dækket vores transportudgifter. Vi optrådte med den musik, vi havde indspillet, som vi så sang til. Vi spillede til et arrangement i Roskilde Handicapidrætsforening samt et par gange i Hjerneskadeforeningen, og det blev taget rigtigt godt imod! Men efter et års tid stoppede vi, da Cindie ikke længere havde lyst.

I efteråret 2011 startede Cindie og jeg i et trommeorkester kaldet Salgkraft hver onsdag. Et orkester hvor vi udelukkende spiller på trommer, og for folk i alle aldre, lige fra folk på 80 år og ned til børn på 4 år. Vi hørte om orkesteret da en lærer vi havde til noget andet undervisning, var med i det på det tidspunkt. Slagkraft spiller til diverse arrangementer lige fra maratonløb til pinsekarneval, vi har sågar været booket et sted hvor der både var et folkemusik orkester og derefter skulle vi spille, og det sluttede af med Stig Rossen. En meget underlig oplevelse. Vi har også engang været brugt som teaterorkester idét en børne teatertrup skulle opføre Thors Brudefærd, hvor vi skulle stå for musikken udelukkende på vores trommer. Dette var en stor udfordring, da vi skulle spille mange rytmer vi ikke have prøvet før. Da stykket skulle opføres i fri luft, og vi derfor var voldsomt afhængig af vejret, blev halvdelen af forestillingerne aflyst, men vi nåede gudskelov at spille de 3 af dem.

Vi har holdt en lille pause fra det orkester men i efteråret 2019 startede vi op igen. Instruktøren Michael har aldrig prøvet at have folk med funktionsnedsættelse med før, men det har han taklet utrolig godt. Jeg husker især første gang vi spillede til pinsekarnevallet, hvor vi skulle give to koncerter i Fælledparken, Cindie og jeg kunne desværre ikke komme op på scenen, men de havde sat en stol til mig neden for og Cindie sad selvfølgelig i sin el-stol. Han præsenterede på en meget rørende måde, at det kunne da godt være vi ikke kunne rejse os op og gå, men at vi spillede fremragende alligevel. Om aften skulle vi gå en afsluttende parade, hvor folk gik fuldstændig amok. Dette indslag blev også vist i tv-avisen så da jeg dagen efter kom på arbejde på TV Glad, snakkede alle om, at de havde set mig fyre den af på tromme. Vi har haft mange gode oplevelser ved at være med i det orkester.

I efteråret 2015 startede jeg på Rytmisk Center som ligger på Vesterbrogade i København. Her prøvede jeg for første gang at deltage i et aftenskoletilbud, som ikke var målrettet folk med handicap. Det er et hold for sammenspil der er hver mandag aften. Selvom det var første gang vores lærer Carsten havde prøvet dette, tog han utrolig positiv imod mig. Ja det gjorde alle på holdet. Jeg husker især, at før han overhovedet havde hørt mig synge en tone, ville have mig til at synge en sang. Det mente han bestemt at jeg kunne gøre meget bedre end ham. En af de store udfordringer for mig ved at gå på dette hold, er at vi mest synger engelske sange. Hvilket godt kan være svært for mig at lære, da jeg bedst lærer sange ved at lytte dem af. Dette syntes jeg var svært i starten, men det er jeg med tiden begyndt at føle mig mere sikker i. Jeg har med tiden fået flere og flere numre, jeg har turde kaste mig ud i at synge, hvilket jeg har gjort til stor begejstring, både fra Carsten og de øvrige på holdet. Der er tradition for at der bliver holdt en forårskoncert og en julekoncert, hvilket er utrolig givende, både at spille for ens egne og andres pårørende. Samt at lytte til hvad de andre dur til.

Jeg prøvede også på et tidspunkt, på Rytmisk Center, at gå på sangskrivningshold, hvilket desværre viste sig ikke at være en succes, da det viste sig vi skulle sidde i enerum og skrive. Hvorefter vi skulle fremlægge det vi havde lavet, for de andre på holdet. Hvilket er umuligt for mig, da jeg for det første ikke kan skrive selv, og for det andet heller ikke spiller noget toneangivende instrument. Det mest absurde var nok at vores lærer en dag, da han måtte aflyse, gav os en opgave hvor vi skulle optage stilhed og så lytte til det mens vi lavede en flow skrivnings øvelse. Hvilket ville sige vi bare skulle skrive ned, hvad vi kom til at tænke på. Da det mest var skrive processen der var fokus på, på dette hold, fandt jeg ud af, at det nok ikke var det rigtige for mig, og stoppede derfor efter kort tid.

Men sammenspil med Carsten er jeg stadig tilknyttet på 5. år, og er utrolig glad for. I foråret 2020 har jeg haft en særlig positiv oplevelse. Lige som alle andre, måtte Rytmisk Center, lukke undervisningen ned grundet corona epidemien. Derfor havde Carsten på skift online undervisning med os hver især. Hvilket betød at vi skulle øve os på hver vores instrument derhjemme, mens han lyttede og gav os gode råd. Jeg skulle selvfølgelig synge og jeg valgte James Blunt nummeret "you're beautiful" og jeg havde på dette tidspunkt en hjælper der kunne spille guitar, som spillede til når hun var på arbejde.

Selvom det selvfølgelig var lidt ensomt, var det en god måde at træne på, for så var vi nemlig klar til at spille, da vi atter måtte møde fysisk op igen. Desværre blev der ingen koncerter i 2020, så længslen efter at fremføre sangen live, blev større og større. Jeg fik meget ros for den, og en af pigerne på holdet sagde hun blev helt forelsket i mig, da hun hørte mig synge den.

RADIOVÆRT

Min tid som radiovært startede i november 2010. Da jeg havde fået hjælperordning, besluttede jeg mig for at jeg ville kaste mig over alle de projekter, jeg ikke tidligere havde kunnet. Et af dem var som sagt at lave radio, så jeg sendte en uopfordret ansøgning til udvalgte lokalradioer i mit lokalområde. Jeg fik dog afslag fra de fleste grundet mit handicap. Men en dag fik jeg en mail fra Halsnæs Lokalradio – radio 10 FM. De havde nemlig en mand, der hed Bruno, som selv sad i kørestol, og derfor havde sit eget hjemmestudie. Han tilbød, at jeg kunne komme hjem til ham og lave mine programmer, hvor han så ville bistå mig teknisk. Vi aftalte, at jeg skulle komme og lave en prøveudsendelse, som radioens bestyrelse så kunne lytte til, og vurdere om det kunne bruges. Samtidig skulle jeg have lidt at vide om, hvordan stationen fungerede. Det vil altså sige, at mine programmer blev produceret på forhånd, hvilket var en stor fordel, for så kunne jeg sidde hjemme og lytte til dem, når de blev sendt, da kanalen på daværende tidspunkt ikke var tilgængelig på nettet.

Mit ønske var at lave et musikprogram, hvor jeg præsenterede en masse forskelligt musik. Brunos kæreste gennem mange år, Dennis, arbejdede også for radiostationen, så han var også med ved mødet. På daværende tidspunkt havde jeg ingen idé om, hvad jeg ville kalde mit program, men det havde Dennis. Jeg havde nemlig sagt, at det skulle være noget med "Hans spiller hits", eller noget i den retning. Pludselig var Dennis ved at dø af grin, for han havde fundet på et genialt navn, nemlig "Hit Hans", og det accepterede jeg på stedet. Da jeg først var kommet i gang, var jeg dog lidt ked af den programtitel, fordi jeg var bange for, at det skabte forkerte forventninger hos lytteren. Men da min kammerat Joakim sagde at det kunne betyde hits ifølge Hans, syntes jeg pludselig det gav meget god mening, for så kunne jeg nemlig med god samvittighed præsentere alle de grupper og kunstnere, jeg godt kunne lide.

Da de på kanalen har mange programmer, der dækker sådan nogenlunde over det samme som mit program gjorde, syntes jeg det var vigtigt at gøre tingene på en lidt anderledes måde. På et tidspunkt fik jeg den idé, at jeg ville lave forskellige musikalske temaer i mine udsendelser eller præsentere sange, der omhandlede det samme emne. Et eksempel var, at jeg engang lavede en times udsendelse udelukkende med sange, der handlede om mad. Det gode ved den slags udsendelser var, at man fik præsenteret en masse forskelligt musik, men alligevel var der en rød tråd gennem hele programmet. Jeg syntes også det var en sjov udfordring at give mig selv at se, hvor mange sange, jeg kunne finde, der omhandlede det samme.

Et år da det var sommerferie lavede jeg to udsendelser med sange der omhandlede forskellige steder og seværdigheder, man kunne besøge i sin ferie, så det var nærmest en musikalsk rejse i de programmer. Samtidig spillede jeg kunstnere, man normalt aldrig ville spille i samme udsendelse. Det vil sige, at der blev spillet alt fra Frank Sinatra til Tommy Seebach. Fælles for sangene var, at de handlede om at rejse. Desværre er det ikke velset at man laver den slags udsendelser, da de fleste radio og TV-stationer har en bestemt målgruppe eller aldersgruppe, de gerne vil nå ud til, og de vil gerne holde sig til en bestemt musikprofil. Jeg tror dog ikke det lod til at genere lytterne, da jeg i hvert fald blandt min omgangskreds fik stor ros for de programmer.

Mit program "Hit Hans" blev i første omgang sendt den anden fredag i hver måned fra 19 til 20, hvilket betød, at det var mig der lukkede kanalen. Men da vi fik nye sendetider, blev det flyttet til den anden torsdag i måneden mellem 14 og 15 - et sendetidspunkt, jeg var ret ked af, fordi jeg ikke tror, jeg havde særligt mange lyttere. Det gjorde dog ikke, at jeg skruede ned for mine ambitioner. Jeg arbejdede meget seriøst i al den tid, jeg var der.

Desværre var det ikke altid lige problemfrit. Jeg fik meget kritik af Bruno over ting, jeg kunne gøre bedre. Han gik f.eks. meget op i, at når man ville fortælle noget om den musik man spillede, var det vigtigt, at man kom med de rigtige oplysninger. Det syntes jeg jo selvfølgelig lød fornuftigt og gav meget god mening. Jeg kunne desværre konstatere ved at lytte til hans programmer, at det samme ikke helt gjorde sig gældende for ham. Det skete temmelig ofte, at han sagde forkerte årstal på den musik han spillede. F.eks. kunne han godt finde på at sige, at nu skulle vi høre "She loves you" with the Beatles fra 2003, selvom alle jo ved, at den jo er helt tilbage fra starten af 60'erne, og sådan var det bare hele vejen igennem. Det var der bare tilsyneladende ingen på radioen, der tog sig af. Jeg fandt så ud af, at han fandt meget af musikken på TDC Play, men jeg tror bare, at de har skrevet, hvornår de har lagt det op. Det var først, da jeg påtalte det over for radioens ledelse, at der blev gjort noget ved det. Han fik heldigvis siden langt mere styr på det. Jeg havde naturligvis forståelse for, at han var en ældre mand, og derfor kunne have svært ved at følge med, men jeg har svært ved at acceptere, at man kritiserer andre for de fejl, man selv laver.

I det hele taget tror jeg ikke de var helt tilfredse med, at jeg påtalte de fejl og mangler der var på radioen, og jeg tror også, det gik dem på, at jeg havde et noget bredere kendskab til musik end de tilsyneladende lå inde med. Han var også meget utilfreds med at jeg ikke altid fik afleveret mine playlister i ordentlig tid. Playlister betyder, at jeg skulle skrive til ham hvilke sange jeg ville spille i mine udsendelser, så han kunne finde dem frem. Jeg syntes ofte at det i starten var svært at få gjort og meget uoverskueligt, da jeg jo skulle have en hjælper til det, og de jo ikke altid kunne stave de titler og kunstnere jeg skulle bruge. Da jeg først fik iPhone, blev det lige pludseligt langt nemmere, for ved hjælp af Siri, som er et taleprogram, hvor man kan indtale det man vil skrive, blev det lige pludseligt langt nemmere at klare de ting. Det har på mange måder haft stor betydning for mig i den positive retning, for i den sidste periode jeg var på radioen, blev det nemmere at overskue, da jeg selv kunne skrive og sende listen til ham. Da Siri ikke er helt ordentligt udviklet endnu, sker det ofte at de ting man siger bliver misforstået. Det var jeg naturligvis godt klar over, og derfor aftalte jeg med Bruno, at han skulle ringe, hvis der var noget han var i tvivl om. Det var han desværre ikke så god til, og derfor skete det ofte, at selvom jeg sendte listen 14 dage før jeg skulle lave programmet, havde han ikke fundet halvdelen af de sange jeg skulle bruge i min udsendelse. "Den sang må du spille i dit næste program" sagde han ofte, hvilket var ret irriterende, når der ofte var en bestemt anledning til at spille den, og jeg jo kun havde en udsendelse om måneden.

Når det så er sagt, har jeg været utroligt glad for at arbejde på kanalen, og jeg har meget at takke ham for, for jeg tror aldrig rigtigt, jeg var kommet i gang med at lave radio, hvis det ikke havde været for ham.

Lidt senere, efter at have arbejdet for stationen i et års tid, fik jeg dog en udsendelse mere. Cindie og mig begyndte også at lave radio sammen. Faktisk skete det på grund af en misforståelse. Det skete fordi, at jeg skulle tale med Bruno om at jeg gerne ville have en udsendelse mere, og da jeg indimellem har lidt svært ved at give udtryk for, hvad jeg gerne vil, fik jeg Cindie til at hjælpe mig med at snakke med ham. Dette mistolkede han som om Cindie også kunne tænke sig at lave radio, og derfor tænkte vi "Hvorfor ikke?", og til min store overraskelse ville hun gerne, og hun viste sig faktisk at være ret god til det. Det blev til en udsendelse som vi kaldte "Bøgevigs hjørne", og den blev sendt fredag formiddag den tredje fredag i hver måned. Den udsendelse fik vi også lang tid til at gå med, da der var mange ting, der skulle forberedes. Det var ligeledes en udsendelse, hvor vi havde forskellige temaer, blandt andet besøgte vi festivalen Musik i Skoven, som er en festival på det bosted, hvor både hende og jeg har boet. Det var i øvrigt vores allerførste udsendelse, og den blev sendt den første gang i september 2011.

Desværre var det ikke helt uproblematisk for Cindie og mig at lave radio sammen, for da jeg jo er meget talende og kører derudaf, skete det ofte at Cindie ikke nåede at sige ret meget. Derfor var jeg nødt til at bruge forskellige formuleringer for ligesom at hjælpe Cindie i gang. I et program sagde jeg f.eks. da vi spillede Danser med Drenge, at "dem kan du jo også godt lide, er det ikke rigtigt?", og det var ledelsen ikke helt tilfreds med. Derfor besluttede de, at vi skulle have hvert vores program. Det fik jeg dog heldigvis talt dem fra, fordi jeg vidste at Cindie ikke ønskede at lave radio alene. Derfor besluttede vi efter 3 år at nedlægge programmet. Men det var sjovt så længe det varede.

Til gengæld fik jeg efter at have været ansat på radioen nogle år et fast program sammen med min kammerat Joakim, som havde udsendelsen "Fyraften". Den blev sendt hver onsdag mellem 15 og 17, og jeg var i en periode hans medvært i hver anden udsendelse. Det var til gengæld rigtigt, rigtigt sjovt, og i modsætning til mine egne programmer, blev de det første lange stykke tid sendt direkte. Dette var en god udfordring for mig selv i at være klar til at snakke, når musikken var færdig.

Desværre så skete der det, at jeg kom til at falde i søvn i en af de direkte udsendelser. Vi havde lige spillet et stykke musik, og da det var mig, der skulle afpræsentere det, var jeg ikke klar. Så Joakim råbte mit navn flere gange, og pludselig vågnede jeg brat op og sagde "er det nu?" Det var virkelig pinligt, ikke mindst fordi Cindie sad og hørte udsendelsen, og hun kommenterede det selvfølgelig straks, da jeg kom hjem. Jeg tror, at noget af årsagen til det skyldtes, at jeg i den periode nogle gange var i øvelokalet formiddagen inden, da Cindie og jeg lige havde startet vores duo, og at jeg derfor var rimeligt brugt.

I modsætning til mine egne programmer blev mine udsendelser med Joakim produceret på selve radiostationen, som ligger på første sal, og da der ikke er nogen elevator, skulle jeg gå hele vejen op ad trappen og ned igen. Selvom jeg godt kan gå på trapper, er det noget jeg bruger rigtigt mange kræfter på. En enkelt gang skulle jeg først op til Bruno og lave radio om formiddagen og derefter til Frederiksværk og lave radio om eftermiddagen. Dette gjorde, at jeg besluttede fremover kun at lave en udsendelse om dagen. Jeg ved ikke om det var derfor, men i hvert fald blev jeg kort efter mit søvnuheld fyret fra radioen. Det kom sig egentlig af, at Cindie gerne ville holde pause med vores program, da hun kort tid forinden var blevet alvorligt syg. Da man troede, at jeg gerne ville holde pause, skulle jeg derfor pludselig hverken lave "Fyraften" med Joakim eller mit eget program "Hit Hans". Jeg havde dengang ikke selv mulighed for at tjekke mine e-mails, og Dennis gad ikke ringe og fortælle mig det, så det måtte være Joakim der var budbringer – en tarvelig situation at sætte ham i. De har virkelig et ledelsesproblem på den radio.

Jeg fandt senere ud af, at de havde ansøgt kommunen om midler til at bygge om, så de kunne få studie i stueetagen, fordi de gerne ville være en god handicaparbejdsplads. Deres argument var, at hvis kommunens folk så, at jeg brugte trappen, ville ansøgningen ikke gå igennem, og det havde man valgt at løse ved at fyre mig. Selvom jobbet på radioen er på frivillig basis, synes jeg det er ren diskrimination at behandle folk på den måde. Det skulle desværre vise sig, at det ikke blev sidste gang jeg blev fyret på et urimeligt grundlag, men det vender jeg tilbage til.

Udover jobbet på 10 FM fik jeg i 2012 et andet radiotilbud: Jeg søgte nemlig ind på TV Glad. Nu tænker du sikkert: "sagde du ikke lige radio og nu siger du TV?" Det skylder en forklaring: TV Glad er en arbejdsplads for personer med fysisk og psykisk funktionsnedsættelse. Nogle er der i lønnet job og andre er der i beskyttet beskæftigelse. Det startede som en TV station, men med tiden har det udviklet sig til at være både TV og radio. Udover det har de også teater og design.

Jeg startede som sagt på radioafdelingen. En af de gode ting ved TV Glad er, at hvor der i lignende tilbud er ansat pædagoger, er der her fagfolk der hjælper os; altså journalister, skuespillere og den slags. På radioafdelingen var det trommeslageren Kasper Foss, der var vores leder. Dette var en stor fordel, da han har spillet og stadig spiller med alle dem, der er værd at spille med i dansk musik, så det betød, at ligegyldig hvem vi havde lyst til at snakke med af musikere, havde han en kontakt. Som nævnt tidligere i bogen er jeg stor

Gasolinfan, og derfor ville jeg gerne tale med trommeslager Søren Berlev. Ham havde Kasper heldigvis nummeret til, så han mødte op på radioen en mandag eftermiddag, og selvom han havde seriøse tømmermænd fra et par dage i forvejen, fik vi alligevel lavet et rigtigt godt interview. Vi talte selvfølgelig en del om Gasolin, men også om hans malerier samt om hans soloplade. Dette blev et gribende møde, som jeg husker tilbage på med stor glæde.

Noget andet jeg også husker tilbage på var, at jeg gerne ville interviewe pianisten og sangerinden Sascha Dupont – kendt fra TV-programmet "Hit med sangen". Det skete ved at vi en dag tilfældigvis kom til at snakke om hende, og hende havde Kasper selvfølgelig også en kontakt til. Han fortalte nemlig, at det var hans gamle veninde. Hun bor godt nok i USA den dag i dag, men hun var på det tidspunkt i Danmark for at turnere med gruppen "Sing Sing Sing" bestående af bl.a. radioværten Alex Nyborg Madsen og sangeren Ivan Pedersen.

Det blev et meget skønt interview, og hun viste sig simpelthen at være det mest hjertevarme menneske. Jeg må nok indrømme at jeg blev lidt forelsket. Vi havde jo også en del tilfælles, men ikke mindst var der en fantastisk kemi imellem os. Hun har jo totalt gehør, hvilket vil sige, at man kan spille eller synge en hvilken som helst tone for hende, og så kan hun sige hvad det er. Da hun den efterfølgende søndag skulle spille i Tivoli med de andre i Sing Sing Sing, købte jeg billetter uden at ane, hvad jeg gik ind til, da jeg dels ville høre, hvad det var for noget musik og jeg dels håbede på at møde hende igen. Det skete heldigvis også, og jeg havde også skrevet et brev til hende, som jeg fik lov at overrække hende personligt. Jeg fik min hjælper til at gå op og spørge, om det kunne lade sig gøre, hvorefter jeg fik at vide, at hun ville komme ned til mig efter koncerten. Det troede jeg i første omgang ikke på, men jo jo, det gjorde hun. Jeg har mødt hende nogle gange siden, og hun kan altid genkende mig.

Da de nogle år senere udgav det første album, fik jeg lejlighed til at interviewe hele bandet til mit program "Hit Hans". Jeg fik også en gratis CD, hvor de alle havde skrevet deres autograf og desuden skrevet de kærligste hilsner til mig. Hvis det ikke var fordi jeg i forvejen havde købt billet til deres koncert, var jeg også kommet gratis ind. Det er min store drøm at tage til USA for at lave et musikalsk samarbejde med Sascha, da jeg tror hun vil kunne lære mig rigtigt meget. Det har jeg faktisk luftet for hende, og da jeg sagde, at det nok var temmelig urealistisk, sagde hun, at man jo aldrig skal sige aldrig. Så hvem ved – måske en dag vil det lykkes. Selvom jeg har haft mange gode oplevelser, er det en af de største. Jeg kom også til at interviewe sangerinden fra Danser med drenge Rie Rasmussen, da Kasper også har været trommeslager i det band.

Jeg var på Radio Glad i 3 år, men det første år var jeg gladest for det. Kasper var en utroligt lydhør mand, der var med på alle vores idéer. Et år efter jeg var startet stoppede han desværre, hvorefter vi fik en ny mand ind. Han hed også Kasper, men det eneste de havde til fælles var fornavnet. For hvor Kasper 1 havde været utroligt lydhør og meget åben, så var Kasper 2 stik modsat. Da jeg startede, fik vi stort set lov at vælge hvad vi ville lave af programmer, men efter Kasper Foss' tid blev der desværre lavet om på det. Desuden var der også sket en alvorlig ændring i sammensætningen af gruppen, hvilket betød, at da jeg startede var der ikke ret mange, der havde brug for teknisk hjælp, men senere hen havde vi stort set brug for det alle sammen. Det betød, at jeg adskillige gange tog derind uden at der var noget at lave, og når jeg så endelig fik lavet nogle programmer, tog det adskillige måneder før de blev færdige. Selvfølgelig lavede vi også nogle gode ting i

Kasper Søgaards tid, som vores nye mand hed. Bl.a. interviewede jeg min gamle helt Erik Clausen samt performancekunstneren Uve Max Jensen; ham der bl.a. er kendt for at gøre pis og lort til kunst. Hans mest berømte værk er "Jeg vil skide på Aarhus Kunstmuseum", som bestod i, at han benyttede kunstmuseet Aros i en hel uge, hver gang han skulle på toilettet. Grunden til, at jeg interviewede ham var, at jeg nogle år tidligere, da jeg gik på højskole, havde overværet et foredrag med ham, hvor jeg var blevet meget fascineret af hans mod til at gøre noget, der var så vanvittigt. Derudover producerede vi 11 afsnit vanvittig satire, som blev sendt på Radio 24-7, så jo jo, der skete da lidt spændende, men sådan overordnet var min sidste tid på TV Glad en tid hvor jeg kørte utallige kilometer frem og tilbage i bil til ingen verdens nytte.

Det sidste jeg lavede, var et interview med den tidligere radiovært Lars Daneskov, som i dag er programchef på P4. Det blev et godt og spændende program, hvor vi fik en lang snak om det at være en god vært. Det blev det sidste program jeg producerede for Radio Glad. De havde ellers en masse spændende idéer til hvad jeg skulle lave af fremtidige programmer, men da jeg vidste fra tidligere, at det ikke ville blive til noget, valgte jeg efter 3 år at sige farvel til TV Glad, og selvom jeg godt vidste, at det ville blive svært at finde noget andet, så har jeg altid haft det sådan, at jeg hellere vil sidde derhjemme og lave ingenting end at være på et dagtilbud, hvor jeg laver ingenting. Men jeg fik heldigvis mit gamle job på 10 FM tilbage, og jeg genoptog mine 2 programmer: Mit eget program kaldet "Hit Hans" og min fyraftensudsendelse med Joakim.

I mellemtiden havde de fået lavet nyt studie i stueetagen, men da det ikke var indrettet til, at vi kunne sende direkte, skulle vi lave vores udsendelse onsdag formiddag. Til gengæld kunne vi så sidde og høre den derhjemme om eftermiddagen. Der arbejdede jeg så indtil september måned 2016, indtil jeg blev fyret igen, da jeg lige var startet på aktivitetstilbud på Instituttet og hellere ville gå til kor, og da de ikke ønskede at ændre på tidspunktet for vores program fyrede de mig igen.

I foråret 2017 begyndte jeg at overveje om jeg skulle vende tilbage til 10 FM. En dag fik jeg dog desværre besked, fra min kammerat Joakim, om at min gamle samarbejdspartner Bruno lige var afgået ved døden. Det berørte mig meget, da jeg indtil da ikke havde haft nogen kontakt til ham efter jeg var stoppet. Han havde godt nok sukkersyge, men det virkede ikke til at påvirke ham særlig meget. Men en dag han var på besøg hos sin gamle kæreste Dennis, efter de var flyttet fra hinanden, var han pludselig blevet dårlig og døde kort tid efter. Selv om han som tidligere omtalt havde sine negative sider, har jeg også utrolig meget at takke ham for. Han gjorde utrolig meget for radioen, var god til at få alle der havde en god historie med i sine programmer. Så han er desværre et stort tab. Bruno blev 70 år, ære være hans minde.

I efteråret 2018 ville jeg igen søge nyt arbejde som radiovært og her var der hele to steder der gerne ville have mig. Nemlig Radio Gladsaxe samt Frederiksberg Lokalradio. Det blev imidlertid Frederiksberg Lokalradio jeg valgte, hvor jeg fik et utrolig godt samarbejde med Rene Steen. Rene viste sig at være gammel medarbejder hos DR P4. Jeg startede med at lave et program som kaldte "2i træk". Hvor jeg spillede 2 ens numre med forskellig kunstner og fortalte lidt om deres historie. Ideen havde jeg tyvstjålet fra DR P5 hvor Keld Heick har haft et program med samme koncept. Hans program hedder "dobbelt op", og sendes stadig men er overtaget af Kirsten Siggaard. Jeg synes at programmet var en god ide, som jeg gerne ville adoptere, selv om jeg godt viste at jeg var nødt til at kalde det noget andet, for ikke at få juridiske problemer. I starten kørte jeg programmet alene, hvor Rene tog sig af teknikken. Jeg fandt dog hurtig ud af, at når jeg præsenterede de forskellige kunstnere, havde Rene altid en historie om dem. Det viste sig nemlig at han havde arbejdet på pladeselskabet Sony, og derfor kunne det være spændende at han også var med i programmet. Så siden da har vi været værter begge to, og Rene har selvfølgelig også fået lov til at vælge noget musik. Programmet bliver sendt hver anden onsdag mellem 21 og 22. Det er et arbejde jeg stadig er utrolig glad for.

Efter jeg stoppede på TV Glad ville min kommune gerne finde et nyt dagtilbud til mig. Jeg havde kort for inden været på Dampradioen i Roskilde, hvilket var noget jeg rigtig gerne ville. Desværre viste det sig, at det var for folk der var i beskyttet beskæftigelse, hvilket så gjorde at jeg skulle frasige mig min førtidspension, og så ville jeg ikke kunne få bolig støtte. Derfor skulle jeg finde noget andet. En dag var jeg på Blinde Instituttet for at besøge min veninde Anna Sofie, og hun genintroducerede mig for min barndomsven Martin. Han fortalte mig at der var startet et nyt aktivitetstilbud for voksne på instituttet. Her lavede de masser af spændende ting, såsom musik, teater og keramik. Det fandt jeg ud af, jeg også godt kunne tænke mig.

Der er det særlige ved Martins og mit venskab, at selvom vi i perioder ikke kunne døje hinanden, så kan vi heller ikke undvære hinanden. Så jeg ville gerne derind, dels fordi det var et spændende tilbud, men også fordi jeg gerne ville være mere sammen med Martin. Som det altid er når man ansøger kommunen om den slags, skal man vente i evigheder på det går igennem.

Jeg stoppede på TV Glad i foråret 2015, men startede først på instituttet sommer 2016. Aktivitetstilbuddet er indrettet på den måde at man kan sammensætte sit skema, som man har lyst til, ud fra de muligheder der nu er. De havde bl.a. deres eget husorkester, som jeg selvfølgelig skulle være med i. Udover det fik jeg også en ganske særlig opgave. De havde noget tid for inden læst i avisen, at der var adskillige biblioteker i København og omegn, der havde brug for at få smidt en masse materiale ud, gamle Lp'er, Cd'er og lydbånd. Aktivitetsgruppen fik den geniale ide, at de da lige så godt bare kunne overtage dette. De fandt nemlig på at de ville lave deres eget bibliotek, hvor os der er på stedet, skulle kunne komme og låne. Her blev jeg præsenteret for et smart og blinde venligt apparat kaldet en "penny talk". Det ligner lidt en blyant, bare meget større. Til den hører nogle bestemte mærkater, hvor man ved hjælp af maskinen kan indtale på. Dem kan man så sætte på cd'erne og lydbøgerne, sådan at hvis man ikke kan læse punkt eller sort, kan man sætte apparatet ned på mærkaten, og på den måde få at vide, hvad det er for en cd eller lydbog man har fat i. Da der skulle bruges nogen til at indlæse disse ting, mente de det lige var en opgave for mig. Det blev jeg naturligvis meget glad for, da jeg både kunne bruge min veludviklede stemme og samtidig bidrage med min store musik viden. Noget jeg havde stor gavn af de første år jeg var der.

Deres band var til gengæld en noget blandet oplevelse, da jeg aldrig rigtig synes jeg blev udfordret nok. Fx spillede jeg, det først halve år, stort set kun på tamburin, da de mente der var sangere nok. Pludselig syntes vores lærer at det blev for meget og derfor fik jeg nu lov til at synge, men til gengæld fik jeg så ikke lov til andet. Det betød også at når jeg ikke lige var i front, fik jeg stort set bare lov til at sidde og glo. Selvom jeg påtalte det gang på gang, blev der aldrig lyttet til mig. Det er bestemt ikke fordi jeg har et problem med at synge, tværtimod. Men jeg har et problem med at når jeg ikke skal, så skal jeg slet ikke lave noget.

På instituttet fik jeg desuden også lejlighed til at genoptage mig gamle interesse fra min højskole tid for keramik. Selvom jeg som barn absolut ikke kunne fordrage at røre ved ler, er jeg som voksen blevet meget fascineret af hvor kreativ man kan være med sine hænder. Jeg har i årenes løb fyldt mit hjem med adskillige hjemmelavede tallerkner, skåle og andre skulpturer der både er flotte at se på og røre ved. Da jeg hvert år til jul, så længe jeg kan huske, altid her være glad for at lave marcipankonfekt, fik jeg et år den ide, at jeg ville prøve at lave konfekt i ler med kageudstikker. Det synes jeg selv var en sjov og anderledes ide, og derfor hænger de i min stue, da min kone godt mente vi kunne have dem hængende hele året. I starten fik jeg nogle gange den opgave, at vores lærer kom med en frugt, eller en grønsag, som jeg så skulle prøve at modellere efter. Det lykkes rigtig godt hver gang.

Mine indtil videre nu fem år i dette aktivitetstilbud har generelt bud på mange spændende og sjove oplevelser, både socialt og fagligt. Det viste sig, at der var flere venner fra barndommen som jeg mødte igen. Et års tid efter jeg var startet skete der dog en ting som gjorde at det aldrig rigtig blev det samme. Selvom min kammerat Martin er en flik fyr, i hvert fald når han har det godt, har han desværre også et skrøbelig sind. Hvilket betyder at man det ene øjeblik kan være hans bedste ven og det næste øjeblik er man en dum idiot. Det betyder bl.a. at hvis man ikke lige tager telefonen når det passer ham at snakke, får man en lang række meget ubehagelige beskeder med dødstrusler og jeg ved ikke hvad. Når det så er sagt føler jeg stadigvæk, at han er en af mine bedste venner, selvom jeg både er blevet kaldt et hjerneskadet misfoster og det der er værre. Dette er der mange der ikke forstår, men det er fordi de ikke kender ham og har oplevede hans utrolige form for humor og hans evne til at være rap i replikken når det er nødvendigt.

Han stoppede som sagt et år efter jeg startede, bl.a. pga. et overdrevet brug af stoffer og alkohol. Selvom jeg selvfølgelig godt forstår at instituttet ikke kunne håndtere dette, så synes jeg de har grebet det helt forkert an. Det er altid svært at komme over et misbrug, men jeg tror det er endnu sværere når man har et handicap. Hvis du er "normal fungerende" bortset fra dit misbrug, kan det for nogen være motiverende at få at vide, at hvis du stopper, kan du komme ind på dit drømmejob. I Martins tilfælde er der, så vidt jeg ved, ikke udsigt til noget som helst, hvilket jeg tror betyder, at han er gået total ned med flaget. I hvert fald har vi i dag ingen kontakt, hvilket jeg er meget ked af, da det betyder at jeg mangler en at dele mere alvorlige emner med.

Jeg synes stadig tilbuddet derinde er godt, og der er ansat personale der tager deres arbejde meget alvorlig. Men det bliver aldrig rigtig det samme som dengang. Det kan godt være jeg er dårligere fungerende fysisk, end mange af de andre, men rent mentalt er jeg nok en af de mere velfungerende. Når det så er sagt har jeg stadigvæk utrolig meget gavn af deres mange kreative projekter. Jeg har bl.a. medvirket i deres årlige teaterforestilling hvor vi selv både skriver og opfører stykket. Jeg har været med i deres årlige julekoncert samt optrådt ved alle sommerfester. Jeg går dog alligevel med overvejelserne om at holde op, da jeg føler det spænder ben for mange af de andre ting jeg også gerne vil. Men hver gang forsøger de at få talt mig fra det.

FAMILIEOPRØR

Jeg har som tidligere nævnt haft et godt og positivt forhold til såvel mine plejeforældre som min biologiske far og hans kone. Men dette ændrede sig desværre i takt med at jeg blev voksen og mere selvstændig. Mens jeg gik på Refnæsskolen, konsulterede jeg deres psykolog, hvor det kom frem, at jeg havde nogle svære oplevelser fra barndommen, som jeg havde brug for at få bearbejdet. Blandt andet har jeg haft det ret svært med min far, som aldrig har villet acceptere, at han havde et handicappet barn.

Tidligt i skoleforløbet fandt man jo ud af, at jeg har svært ved matematik, så i en sommerferie da jeg var 10 år gammel, sad han uafbrudt og terpede matematik og tvang mig til at lære at kende forskel på sedler og mønter, og jeg fik at vide at vi ikke tog hjem fra sommerhus, før jeg kunne det udenad. Han har også altid haft svært ved at forstå, at jeg grundet mit handicap har svært ved at klæde mig af og på selv. Blandt andet har jeg svært ved at knappe mine bukser op, da min finmotorik har det svært.

Da jeg var 13 år, skulle han engang hjælpe mig med at få tøjet af, og da vi kom til mine bukser, råbte han mig ind i hovedet, "så knap dog de bukser op for satan, du gider jo ikke" og da han på dette tidspunkt vidste, at jeg skulle flytte fra børneafdelingen Fjordhøj til ungdomsafdelingen Vest, tilføjede han "det går altså ikke, når du flytter derover, for der skal man kunne klare de ting selv". Fordi han råbte så højt, blev jeg så forskrækket, at jeg tissede på gulvet. Så jo, der er en del ting, der skal bearbejdes. Dette resulterede i, at psykologen kom på hjemmebesøg for at tale med både Erik og Grete og Hanne og Mogens om disse ting. Dette gjorde at min far og hans kone fik opfattelsen af, at jeg var bange for min far, og ifølge Grete havde jeg fået noteret i psykologens papirer, at min far var ond og kold.

I december 1998, da jeg var 16, spidsede tingene så meget til, at Grete skrev et vredt brev til Hanne hvori det fremgik, at de ikke ville se mig i tre måneder, samt en lille skideballe til Hanne, om at hun skulle have stoppet mig i tide, da jeg var begyndt at tale om disse ting. Grete mente også, at jeg bare sagde det, for at gøre mig interessant. Da min bror og min søster John og Gitte, der på det tidspunkt boede i henholdsvis Irland og Schweitz, kom hjem til Danmark for at holde jul, inviterede de mig en tur i Kvickly, for at drikke kakao og spise kage, hvilket jo på overfladen kunne være meget hyggeligt, hvad det snart skulle vise sig ikke at være. De havde nemlig besluttet sig for at give mig den helt store skideballe og fortælle mig hvor tarvelig jeg var overfor min far og hvor sårede ham og Grete var blevet over den behandling.

For en sikkerheds skyld skal det nok lige nævnes, at jeg aldrig har beskyldt min far for at være ond. Det er noget Grete selv har fundet på. Der er ikke ondt skabt i manden, han har nok bare aldrig haft de følelsesmæssige ressourcer til at tage sig af de udfordringer hans lille handicappede dreng led under. For at se tingene fra hans side, har det nok også været svært, da man efter min fødsel fik at vide, at jeg ikke ville overleve ret længe, hvilket jeg så alligevel gjorde. Det har nok også været svært for dem begge at forholde sig til, at Hanne og Mogens var mere forældre for mig, end de nogensinde kom til at blive. Det måtte jo nødvendigvis være sådan, da min far og hans kone ikke kunne lave så meget om på deres liv, som det krævedes med lille mig. Det må også have været svært for Grete at skulle forholde sig til et barn, som han havde med en anden end hende. Alligevel prøvede min far og hende længe efter bruddet, at tage kontakt, men i det første års tid ønskede jeg slet ikke at se dem.

Efter det første år mødtes vi dog ved flere forskellige lejligheder, men det blev aldrig rigtig det samme som dengang. Jeg var ikke i tvivl om, at de havde tilgivet mig, men jeg har aldrig rigtig tilgivet dem. I årene der fulgte, skulle der desværre komme flere konflikter, og det var nærmest som om de følte, de kunne sige og gøre hvad som helst uden tanke for, hvor meget det sårede mig, men hvis jeg gjorde dem kede af det, skulle jeg altid have at vide, hvor synd det var for dem.

Helt galt blev det, da først Cindie kom ind i mit liv, for da begyndte de at have nogle urimelige forventninger til os. Da vi ofte kommer fire personer, når vi kommer på besøg, forlangte Grete at vi skulle tage en værtindegave med, som belønning for, at hun havde knoklet i så mange timer med at lave mad til så mange mennesker. Det er jo ikke fordi vi har et problem med at give gaver, men vi bryder os ikke om, når det bliver dikteret. Det er jo ikke os, der har bedt hende lave en tre retters menu. Det er noget hun selv har valgt at gøre. Og så kunne hun jo bare lade være. Enkelte gange er vi også blevet inviteret hjem til dem, hvor vi er blevet bedt om at vælge mellem fire forskellige hovedretter og fire forskellige desserter. Ofte har der ikke rigtig været noget af det, der har faldet i vores smag, men vi skulle jo vælge noget, og hvis vi ikke spiste op, blev hun meget fornærmet, for nu havde hun jo stået og lavet det. Det var også ofte sådan, at når vi skulle lave en aftale om besøg, blev de meget fornærmede, hvis de dage de foreslog, ikke passede os. Dette førte til, at vi ikke siden har ønsket at komme der, og især jeg ønsker slet ikke at have noget som helst med dem at gøre.

I de første år af konflikten fik jeg stor trøst og støtte hos Hanne og Mogens, især hos min plejemor Hanne. Hun prøvede forgæves at presse på, for at jeg skulle genoptage kontakten med min far, da hun mente at jeg ville blive meget ensom, hvis jeg ikke gjorde det. Men jeg havde ikke lyst til det under nogen omstændigheder. Indtil Mogens' alt for tidlige død i september 2005 havde jeg et rigtig godt forhold til dem begge. Men ved tabet af hendes mand skete der en mærkbar forandring ved Hanne. Balladen startede allerede ved Mogens begravelse, for mens vi sad oppe i kirken, fik vi at vide at hele familien rejste til Kreta den efterfølgende lørdag. Jeg har naturligvis stor forståelse for, at Cindie og jeg ikke kunne komme med. Det er jo sin sag at booke et fly med plads til to kørestolsbrugere. Det vi havde det svært med, var at vi først fik det at vide oppe i kirken af præsten, og ikke af dem selv. Bortset fra det var det en meget smuk begravelse, hvor det halve af Allerød by deltog. Det var for øvrigt den samme præst, som konfirmerede mig og senere viede Cindie og mig. Men efter vi fik beskeden om deres forestående ferie på denne lidt ubehagelige måde, gik det for alvor op for os, at vi ikke længere var en del af familien. Når de efterfølgende holdt nogle arrangementer, blev vi altid sorteret fra med henvisning til, at der ikke var plads. Og når vi en sjælden gang blev inviteret med, blev vi placeret langt væk fra alle andre, og der var ingen, der talte med os.

Jeg har som nævnt tidligere beskrevet at Hanne mente, at vi bare brugte vores hjælpere som koste, når der skulle fejes, og det er desværre langt fra de eneste beskyldninger, vi har måttet lægge øre til fra hendes side. Det der gjorde, at der for alvor blev lagt brænde på bålet, var da jeg i januar 2012 skulle holde min 30 års fødselsdag på Café Vivaldi. Jeg har aldrig været tilhænger af de store fester hvor man inviterer en masse, man alligevel ikke får nået at tale med. Alligevel ville jeg gerne markere at jeg rundede et skarpt hjørne, og ville derfor gerne invitere nogle mennesker med, der har haft stor betydning i mit liv. Da jeg altid har haft et godt forhold til Hannes datter Anette, ville jeg meget gerne have hende med til festen. Til gengæld ønskede jeg ikke at have Hannes søn og svigerdatter med til festen, da jeg aldrig rigtig har følt de interesserede sig for mig. Dette forstår jeg naturligvis godt at de blev sårede over. Jeg gav dem dog aldrig den egentlige grund til, at de ikke kom med. De fik bare ingen invitation. Da Cindie og jeg også har begrænsede økonomiske midler, er vi jo også nødt til at vælge til og fra. Men vreden bredte sig tilsyneladende til resten af familien. Og da jeg først blev uvenner med Hanne, var der ingen af de andre, der ønskede at tale med mig.

Noget tid efter hun var kommet med den førnævnte bemærkning om vores hjælpere, inviterede hun os til middag. Dette havde jeg naturligvis ikke lyst til, da jeg ikke syntes hun kunne tillade sig at komme med disse beskyldninger uden det fik konsekvenser. Jeg tog først kontakt til hende et års tid efter, hvor Cindie og jeg havde besluttet, vi ville tale med hende om vores frustrationer. Endnu engang beklagede vi os over at vi aldrig mere blev inviteret med til noget, fordi der ikke var plads, hvortil Cindie bemærkede at man da godt kunne finde en løsning, hvis man ville. Til det svarede Hanne bare: "Nej man kan ej". Endnu engang skulle hun lige nævne, at jeg burde tage kontakt til min far, hvorefter jeg svarede, at hvis hun ikke kunne acceptere at jeg ikke ville, så ville jeg heller ikke se hende. Jeg forventer naturligvis ikke at alle skal være enige i de beslutninger jeg træffer, men de skal respektere mine valg. Et års tid efter denne konflikt, blev vi igen inviteret til middag, og her blev vi uvenner over en detalje omkring min hjælper. Cindie og jeg har altid foretrukket at vores hjælpere trækker sig tilbage, når vi ikke skal bruge dem, for at vi bedre kan have vores privatliv. Cindies hjælpere sidder ofte med ved bordet, når vi er ude, da hun har svært ved at spise selv, når der er for meget uro omkring hende. Det har jeg også somme tider behov for, men det er mest når vi er på restaurant. Denne aften blev Hanne fornærmet over at Cindies hjælper skulle sidde med ved bordet, mens min hjælper skulle sidde for sig selv og i øvrigt selv havde taget sin egen mad med. Hanne sagde til os, at det med at sende hjælperne væk, kunne vi gøre derhjemme. Da jeg ikke har lyst til at åbne for meget op, når min hjælper er til stede, sagde jeg ikke et ord under den middag. Det har altid været en stor konflikt for familien at vores hjælpere ikke har en social funktion, og denne aften skulle vise sig at blive mit sidste besøg hos hende, da hun ikke ønskede at se os længere.

Vi holdt dog forbindelsen til sidst, og hun ønskede mig også tillykke på mine fødselsdage. Da jeg trods alt syntes vi skulle nå at have det godt, i den tid hun havde tilbage at leve i, prøvede jeg utallige gange at spørge om jeg måtte besøge hende eller om hun havde lyst til at komme hos os. Men hun havde altid en undskyldning, så det var tydeligt at hun ikke ønskede det.

I sommeren 2020 kontaktede jeg hende igen, da Cindie havde fortalt mig, at hun hos Hanne havde set et billede af mig som lille, hvor jeg ligger på et lammeskind med hovedtelefoner. Jeg ville nemlig gerne have brugt det billede i denne bog. Sidste gang jeg talte med hende, var min storebror Peter lige død efter længere tids sygdom. Ham har jeg aldrig rigtig været uvenner med. I de sidste år havde han bare ikke overskud til at have kontakt. Vi prøvede ellers utallige gange uden held. På dette tidspunkt havde jeg ikke haft kontakt med ham i 12 år. Det var meget mærkeligt at tale med Hanne om dette uden at vide, at man få måneder senere også ville miste hende. Jeg skrev også med hende på hendes fødselsdag, hvor jeg blandt andet spurgte efter det føromtalte billede, hvortil hun svarede at sådan et havde hun aldrig nogensinde haft. Hun tog heller ikke sin telefon, da jeg ville ringe og sige tillykke. Det gjorde hun næsten altid ellers. Og her fik jeg for alvor mistanke om, at der var noget galt. Hun skrev til mig, at hun skulle have besøg af hendes datter Anette fra Kalundborg. Tilsyneladende var det bare et familiebesøg som så ofte før. Efter noget tid fik vi besked fra min far om at Hanne var alvorlig syg, så da jeg efterfølgende skrev en besked til hende, fik jeg at vide, at hun havde fået orlov fra hospitalet, da hun havde valgt at være hjemme den sidste tid.

Jeg ville gerne havde nået at besøge hende, men det blev desværre ikke muligt, da hun gik bort få måneder senere. Vi kom heller ikke med til begravelsen, da der ikke var nogle, der fortalt os, hvor og hvornår det skulle foregå. Jeg gjorde virkelig hvad jeg kunne, for at vi kunne nå at blive forsonet, men hun ønskede det ikke. Jeg har dog meget at takke hende for, da hun var den eneste dagplejer i Allerød, der turde tage sig af et handicappet barn. I det hele taget havde vi et godt og positivt forhold gennem hele min barndom, men da jeg blev voksen, kom der nogle sår, der desværre aldrig blev helet. Da jeg kom og sagde at jeg ville skrive denne bog, var det hende der fandt på titlen. Hanne blev 77, ære være hendes minde.

DISKOGRAFI

2001 - Synshøjskolens Sammenspil

2001 - Musiklinjen på Egmont Højskolen

2002 – Musiklinjen på Egmont Højskolen

2003 - Bøgevig Solo

2004 - Sommersjov på Egmont

2005 – Ska vi nu til det igen?

2007 – De spillende muldvarper no.5

2008 – Juleplade med de spillende muldvarper